MIGUEL DE UNAMUNO

DE MI PAÍS

QUINTA EDICIÓN

COLECCIÓN AUSTRAL

DE MI PAÍS

COLECCIÓN AUSTRAL

N.º 336

MIGUEL DE UNAMUNO

DE MI PAÍS

DESCRIPCIONES, RELATOS
Y ARTÍCULOS DE COSTUMBRES

QUINTA EDICIÓN

ESPASA-CALPE, S. A.

Ediciones especialmente autorizadas por los herederos del autor para la

COLECCIÓN AUSTRAL

Primera edición: 10 - II - 1943
Segunda edición: 30 - VIII - 1945
Tercera edición: 28 - II - 1952
Cuarta edición: 24 - I - 1959
Quinta edición: 18 - XI - 1964

© Espasa-Calpe, S. A., Madrid, 1943

—

N.º Rgtr.º: 2.006 — 43
Depósito legal: M. 17.432 — 1964

Printed in Spain

Acabado de imprimir el día 18 de noviembre de 1964

Talleres tipográficos de la Editorial Espasa-Calpe, S. A.
Ríos Rosas, 26. — Madrid

ÍNDICE

Agavillo y anudo en este tomo, antes de que se me pierdan desparramados en las hojas volantes de diarios y revistas en que se estamparon, aquellos de mis escritos que tocan de cerca o de lejos a mi país y a sus cosas y personas.

Los hay de 1885, de antes de haber yo cumplido los veintiún años de mi edad, y como algún patrón había de tomar para colocarlos en estas páginas, me he atenido al orden cronológico de su publicación.

En algunos de estos trabajos del segundo decenio de mi vida reconocerán los que me hayan rendido el favor de leerme precedentes de otros escritos míos. Así en *Solitaña* y en *San Miguel de Basauri: En el Arenal de Bilbao,* elementos que incorporé luego a mi novela *Paz en la guerra,* y en el escrito *En Alcalá de Henares,* observaciones que pasé a mi *En torno al casticismo.* Esto es inevitable, y aun creo más, y es que los escritos menores —*opera minora*— de un escritor cualquiera no suelen ser más que materiales para sus escritos de mayor alcance y fuste, o *parerga* y *paralipómena* de éstos.

Es desalentador lo que aquí le ocurre al que escribe, y es que cuando tiene que comer, y, si no comer, por lo menos, cenar de ello, se ve obligado a desparramar su actividad en escritos ligeros y de corta extensión, en artículos de periódico o de revista, porque el libro produce mucho menos. Fué la desgracia mayor que persiguió a *Clarín,* para no atestiguar con vivos, que podrían replicar algo. Pro-

ducen más, por término medio, los artículos que no
los libros, y hasta, en último caso, se pueden publicar aquéllos sin producto negativo, es decir: de
balde, y éstos, los libros, no.

Y así ocurre un suceso digno de tenerse en cuenta, y, tal vez —no lo afirmo—, de investigación psicológica, y es que cuando se nos viene a las mientes
alguna idea que creemos, con razón o sin ella, lumi-
nosa, fecunda o nueva, surge al punto la duda de
si la reservaremos para una obra extensa y lata
que escribamos acerca de esto o de lo otro, organi-
zando allí en sistema a la tal idea con otras no
menos luminosas, fecundas o nuevas que se nos
vayan ocurriendo, o si la aprovecharemos, desde
luego, para hacer sobre ella un artículo de diario o
de revista. Es como guardar un chiste para un sai-
nete o hacer un epigrama con él. Y sucede que,
cuando la tenemos así guardadita, haciéndola ren-
dir intereses, o sea buscándola nuevos rincones, se
nos ofrece ocasión de colocar un artículo de tantos
o cuantos duros, y todos los buenos propósitos se
van a rodar. De aquí el que rara vez hagamos una
obra definitiva...

Mas dejando estas trascendentalísimas consideraciones y otras aún más trascendentales que acerca
del mismo punto podrían ocurrírseme, si me pusiera a ello, vuelvo a los artículos de cosas de mi país.

Los reproduzco tal y como han sido publicados
en diarios y revistas, sin corregirlos, y algunos
con las dedicatorias mismas con que aparecieron.
Son cuatro, y de los cuatro sujetos a quienes se los
dediqué, tres han muerto; las tres cuartas partes de
ellos. Renuncio a desarrollar las reflexiones a que
esto se presta.

No he corregido los artículos ni los he modificado; prefiero darlos con las incorrecciones mismas,
las sobras y las faltas con que desde mis veintiún
años los escribí. Alguno de ellos, como la descripción de *Un partido de pelota*, obtuvo un muy buen

éxito cuando lo leí en la Sociedad "El Sitio", de Bilbao, y mereció ser reproducido hasta tres o cuatro veces, y ¿qué importa que hoy no me guste a mí?

Así como no quiero esclavizar mi yo de mañana a mi yo de ayer, tampoco quiero traer a este mi yo de ayer a juicio ante el tribunal de mi yo de hoy. ¿Es, acaso, el autor mismo el mejor juez de sus propias obras?

Sólo me he permitido añadir al fin del volumen unas pocas notas a algunos de los artículos para rectificar hechos que vi mal cuando los escribí.

Tocante al contenido, sólo he de decir que los trabajos de que se compone este volumen se refieren todos a mi país vasco, a sus costumbres, paisajes y accidentes de todo género, y más especialmente a Bilbao, mi pueblo natal.

Para mí la patria, en el sentido más concreto de esta palabra, la patria sensitiva —por oposición a la intelectiva o aun sentimental—, la de campanario, la patria, no ya chica, sino menos que chica, la que podemos abarcar de una mirada, como puedo abarcar a Bilbao todo desde muchas de las alturas que le circundan, esa patria es el ámbito de la niñez, y sólo en cuanto me evoca la niñez y me hace vivir en ella y bañarme en sus recuerdos tiene valor. No pueden sentir a la patria aquellos a quienes sus padres les trajeron de la ceca a la meca cuando eran niños los así asendereados. Esta concepción de la patria más chica es la que me inspira el siguiente soneto que, bajo el título de *Niñez,* publiqué en una de esas revistillas de jóvenes que duran lo que una flor. El soneto decía así:

> Vuelvo a ti, mi niñez, como volvía
> a tierra, a recobrar fuerzas, Anteo,
> cuando en tus brazos yazgo en mí me veo;
> es mi asilo mejor tu compañía.
> De mi vida en la senda eres el guía
> que me aparta de torpe devaneo;
> purificas en mí todo deseo,
> eres el manantial de mi alegría.

> Siempre que voy en ti a buscarme, nido
> de mi niñez, Bilbao, rincón querido
> en que ensayé con ansia el primer vuelo,
>   súbeme de alma a flor mi edad primera
> cantándome recuerdos, agorera,
> preñados de esperanza y de consuelo.

Y es la verdad. Cada vez que me encuentro en
Bilbao, a pesar de lo mucho que éste ha cambiado
desde que dejé de ser niño —si es que he dejado
de serlo—, su ambiente hace que me suba a flor de
alma mi niñez, y ese pasado, cada vez más remoto,
es el que sirve de núcleo y alma a mis ensueños
del porvenir remoto. Y es tan completa la correspondencia, que mis ensueños se pierden, esfuman
y anegan mis recuerdos en el pasado. Y de aquí que,
jugando tal vez con las palabras, suela decirme a
mí mismo que el morir es un *desnacer,* y el nacer
un *desmorir.* Mas dicen que no es bueno entriste-
cerse; no sé bien por qué.

Me acuerdo bastante bien de la primera vez que
me alejé de mi Bilbao, en septiembre de 1880, cuando fuí, teniendo dieciséis años, a estudiar mi carrera a Madrid. Al trasponer la peña de Orduña sentí
verdadera congoja; a las sensaciones que experimen-
tara al darme cuenta de que me alejaba de mi patria
más chica, la sentimental, y aun más que sentimental, imaginativa; aquella Euscalerría o Vasconia que
me habían enseñado a *amar* mis lecturas de los escritores de la tierra. Y digo amar, subrayándolo,
porque a ese país vasco lo amaba entonces, mientras que a Bilbao le *quería,* y si hoy quiero, en parte,
a aquél es por haberlo recorrido también en parte;
haberlo visto y tocado, y hecho sensitivo lo que era
sentimental.

El recuerdo de este mi primer viaje, desde Bilbao
a Madrid, me trae el de mi último viaje, el que hace
poco más de un mes, en octubre de este año de
1902, hice desde esta Salamanca a Bilbao. Y re-

cuerdo el efecto que me produjo el paisaje que desde Artagan se descubre, todo aquel verde valle de Echébarri y Galdácano, y las enhiestas peñas de Mañaria en el fondo.

Subíamos a Archanda, al alto de Santo Domingo, unos cuantos amigos, y delante nuestro iban unas aldeanas, camino de *Chorierri*, arreando a sus burros. Y yo no dejé de notar la concordancia del tono azul desteñido en que estaba todo el paisaje envuelto con el azul desteñido del traje de los aldeanos y aldeanas. Porque el aldeano vasco gusta, hoy por lo menos, vestirse de azul; parece ser su color favorito. Y recordando con uno de mis compañeros de subida, que lo había sido de una excursión por la ribera del Duero, en la región salmantina, frontera de Portugal; recordando la romería del teso de San Cristóbal, entre Fermoselle y Villarino, no lejos del encuentro del Tormes con el Duero, comparábamos colores a colores. Porque en mi vida recuerdo haber visto mayor mescolanza de colorines, y más chillones éstos, que la de los trajes de las riberanas de Villarino. Los hombres estaban de severo pardo, pero ellas con unos rojos, unos gualdas, unos morados y unos verdes tales, que, cuando se ponían a danzar en el alto de aquel teso, entre los imponentes berruecos, en medio de aquel paisaje bravío y fuerte, parecían gigantescas amapolas, flores de retama y otras flores silvestres que saltaran sobre tierra.

Me puse entonces a teorizar, ¡fatal manía!, sobre la afición que muestran unos pueblos a un color y otros a otro, y a querer sacar consecuencias de ello. Recordé la división que establecía entre los colores Goethe, dividiéndolos en positivos y negativos, a los que llamó luego Fechner activos y receptivos, respectivamente. Los positivos o activos son el púrpura, el rojo, el anaranjado y el amarillo, siendo su influencia estimulante, excitando a la acción y al movimiento. Hoy se dice que el rojo es dinamógeno, y se establecen experimentos de psicofisiología para probarlo. Los receptivos o negativos son los azules, y tienen acción moderadora y detenedora; no impulsan a obrar. El amarillo y el azul nos ofrecen los dos representantes típicos de cada serie. Cuando se mira un paisaje sombrío, de tarde inverniza, a través de un cristal amarillo, dice Goethe que "la vida se alegra, se dilata el corazón y el espíritu se serena; parece animarnos un calor instantáneo". Y como el amarillo recuerda la luz, así el azul recuerda la oscuridad. Goethe nos dice que "como vemos en azul el cielo profundo y las montañas lejanas, una superficie azul parece que huye ante nosotros", y que "el azul nos da un sentimiento de frío, haciéndonos pensar, además, en la sombra". "Un cristal azul —añade— nos muestra los objetos bajo un aspecto triste." La transición entre las dos series se forma, de un lado, por el verde, que nos da impresión de reposo lleno de vigor, sin la frialdad del azul ni la fuerte excitación del rojo, y de otro lado, por el violeta, que tiene, a la vez que la severidad del azul, la vivacidad del rojo.

Todas estas doctrinas de óptica estética o psicológica recordaba, y a la vez el hecho de que la bandera española sea roja y gualda, de los dos colores más positivos o activos, de los más chillones, de los más excitadores, como si necesitara el español de ello para salir de su indolente pasividad, como necesita el garrullo de que le bailen ante el pico un refajo rojo para excitarle a que gallee a la pava. Por lo menos así le emberrenchinan en la alquería. Y son, a la vez, el rojo y el gualda dos colores no complementarios, disociativos.

Recordaba todo esto, recordaba aquellas mozas del teso de San Cristóbal vestidas de colores activos, excitantes y bailándolos ante los hombres vestidos de pardo —el color castellano— y contemplaba, a la vez, mi tierra azul, de un azul verdoso y desteñido, mi tierra de color receptivo, encalmador, apaciguante. Posteriormente, y no hace aún muchos días, he leído un artículo titulado *La raza parda*, en el que se sacaba buen golpe de consecuencias de eso de gustar vestirse de pardo los castellanos.

Cuando en la noche de aquel día de mi subida a Archanda, de vuelta en la villa empecé a sacar consecuencias de aquello de los colores, un amigo mío, el pintor Losada, hombre inteligente, culto y artista, si los hay, me echó todo por tierra con unas cuantas observaciones sencillísimas e inapelables. Porque el vestir de pardo los castellanos no se debe a más que a ser ése el color natural de la lana, el color de los borregos de que la lana se saca, y si dejan las telas de tal color, es porque eso cuesta menos que teñirlas. Luego de establecido el tal color, por semejante razón, la costumbre puede hacer que se tiñan de ese mismo otras telas. Y el vestir de azul los aldeanos de mi tierra —que en otro tiempo vestían también de pardo— se debe a que usan telas no de lana, sino de otras materias, telas de fábricas a las que se les da consistencia y vista con tinte azul, por ser el más económico. Así se vinieron a tierra todas las curiosas consecuencias que del diferente gusto por los colores, entre los diferentes pueblos, empezaba yo a sacar.

Mas, aun así y todo, no me rindo a primeras, y algo habrá en el fondo de ello de lo que yo en él buscaba. Y lo que me es indudable, por ser de propia experiencia, es que, mirando desde el alto de Artagan, encima de Begoña, el valle de Echébarri, y en el fondo, enhiestas y ensentas, las peñas de Mañaria, envuelto todo ello en azulado tono, sentía subir del campo, en aura de paz severa, un vaho de calma, un silencio de apaciguamiento dulce. Y al otro lado se tendía Bilbao, entre montañas de azul desteñido, y allí dentro, en aquel cuajarón de viviendas, donde surcan al rojo sucio de los tejados los surcos negros de las calles, se incuban —como en toda ciudad algo populosa, y más si es rica— pasiones violentas o tristes, codicias roedoras, lujurias fúnebres y consunciones alcohólicas. Y pensando en los delirios bursátiles, en las luchas, aunque solapadas implacables, y en tantas otras miserias de ese mi pueblo que, agotándolas, camina a su grandeza, bendecía aquel azul severo, aquel azul piadoso, aquel azul frío y tranquilo que abraza y envuelve a la villa del Nervión. En ella empieza a brotar, del cogüelmo de riqueza, vida artística, y empieza por la música y la pintura, que suelen preceder a la literatura en tales casos.

No sé qué rumbos tomará al cabo el arte que hoy apunta y se muestra allí en cierne, pero yo tengo siempre a la vista interior aquella cuna de mi espíritu, que me lo envolvió en el azul continuo y apaciguador de sus montañas, el azul oscuro y severo que adormece angustias y pesares que, al nacer, traemos pegados a la carne.

Debe de ser singular el efecto que cada paisaje produzca sobre los que a continuo lo contemplen desde la niñez.

En el paisaje vasco todo parece estar al alcance de la mano y hecho a la medida del hombre que lo habita y anima; es un paisaje doméstico, de hogar, en el que se ve más tierra que cielo; es un nido. Todo es pequeño; vallecitos entre montañas. Adivínase una casería del otro lado del monte, cuando no se ve salir de allá la humareda de un hogar.

Compárase a esto el paisaje castellano, de esta Castilla en que todo es cima. Aquí se abarca más cielo que tierra, perdiéndose ésta en lontananza. A la caída de la tarde se suele dibujar, a las veces, de tal modo sobre el cielo la línea de un saliente del terreno, que parece no haya nada del otro lado de ella. "Parece que allí acaba el mundo, y que tras eso no hay sino el vacío" —me decía una tarde un amigo mirando cómo cortaba el cielo la línea de un próximo levantado de la llanura. Éste es un pai-

saje o de invierno o de verano, mientras que aquél
es paisaje de primavera o de otoño.

Consideraciones parecidas podrían hacer que alar-
gase este prólogo más de la medida, y como por alguna parte hay que cortarlo, y ante el temor de
que no se me vaya prolongando indefinidamente
bajo la pluma, lo corto aquí.

Salamanca, noviembre de 1902.

RECUERDOS DE UN VIAJE CORTO

DEDICATORIA. — (También corta.) — *Estas notas las dedico a quien las leyere.*

Eran las diez de la mañana cuando llegué a Guernica; el cielo estaba azul y el campo verde, dos señales de muy buen agüero. Iba yo encima del coche viendo desfilar el paisaje, que de este modo parece que vive; ¡cuántos árboles pasaron! No sé apreciar la naturaleza más que por la impresión que en mí produce; y aquella hermosa vega me dió ganas de echarme sobre la yerba, bajo un árbol, y pasar la mañana papando moscas. Mirando la vega, no se me ocurría más que seguir mirándola; ¡si seré mirón! No lo hice así; me alojé donde tuve por conveniente, pasé un cepillo por el traje, otro por el calzado, me arreglé el pelo y el bigote ratonesco de que la Providencia me ha hecho gracia, y apoyando la frente sobre la yema del dedo índice de la mano derecha, en actitud de persona que medita, me dije: "¿adónde voy?", y me respondí: "lo primero a ver el Árbol".

Subí por la calle que llaman del Hospital, a la hora en que la gente salía de misa mayor de Santa María, y aunque con ganas de ver las muchachas, hice como Ulises con las sirenas, pero sin taparme los oídos con cera. Entré en Santa Clara, que así dicen en Guernica al lugar en que vegeta el Árbol, y entré por una entrada que custodian dos leones de piedra, sentados, que hacen bien ridícula figura.

Ya estoy frente a frente del Árbol y de su hijuelo; el que espere un canto ossiánico o una elegía en prosa, se lleva chasco; respeto bastante la vejez y la desgracia para entretenerme en hacer retórica a su costa.

¡Pobre árbol! Está muy viejecito y encorvado por el peso de los años; si sus hojas no fueran recias, parecería un sauce llorón. En el invierno debe sentir mucho el frío; y cuando caiga, todos harán de él leña, y los botánicos reclamarán su parte. ¡Los dioses se van! —decía no recuerdo quién—. El hijuelo es un hermoso ejemplar del *quercus robus*, y arbolillo que promete ser robusto.

Me senté en uno de los bancos de piedra de aquel pequeño edificio juradero, y lo que puedo asegurar es que la piedra es dura para sentarse en ella. Cogí unas hojas que, por dicha, son más abundantes que los dicentes de Santa Polonia, las puse en un papelito, escribiendo encima: *Guernicaco arbolaren orriyac*, y sin llorar, ni entornar los ojos, ni latirme el corazón desusadamente, abandoné aquella plazoleta para ver la Antigua. En la capilla vi los retratratos de los señores de Vizcaya. ¡Cuántas gentes reunidas! Padres, hijos, nietos, abuelos y tatarabuelos, todos de gala y todos serios. ¡Salud, viejos señores! Duerman en paz en sus viejos cuadros, que si levantaran cabeza...

La buena mujer que me precedía anunció el archivo; yo miré y vi papelotes en sus estantes y unas sillas con respaldos de cuero, si no recuerdo mal; todo ello muy curioso. Salí, eché otro vistazo al Árbol simbólico y entré en el convento de Santa Clara, donde las religiosas cantaban nasalizando un poco. Lo que allí pensé fué mucho y muy diverso.

¡Dejar escapar una ocasión tan buena de hablar del árbol foral, de nuestros padres, de Aitor —hijo de Chaho, que lo inventó—, de las noches del plenilunio, etc., etc.! Yo no nací del 30 al 40, sino más tarde, lo cual no impide que sepa sentir como cada quisque.

Volví de Santa Clara, y allí, paseando, vi a algunas de las jóvenes guerniquesas, pues las hay en Guernica como en todas partes; y humedeciendo los labios con la lengua, pasé de seguida a ver el pueblo.

Pueblo chiquito es en extensión local; recorriéndolo, hice ganas de comer, y viendo sastrerías y zapaterías, fuí a la fonda. ¡Qué chuletas, Dios mío, qué chuletas! Aquello era riquísimo, y si no me chupé los dedos fué por no parecer un niño mal educado. Se habló en la mesa de todo lo que se habla entre hombres que no se conocen: tonterías y nada más, y yo rendí mi parte a la manía de hablar por no callar, porque ¿no es un hurón el que calla porque nada tiene que decir? Gracias a Dios, yo siempre tengo qué decir, aunque muchas veces no lo diga y otras no deba decirlo.

Después de comer y beber fuí a la Sociedad, que así se llama a un espacioso local donde se reúnen muchos hombres, y tiene su pequeña biblioteca y todo. Tomé café y copa en compañía de algunos de mis buenos amigos, a quienes mando recuerdos con la presente; jugué una partidita de ajedrez, que no sé si gané o perdí, y al avío, quiero decir, a charlar. Se habló de las escuelas en construcción, escuelas sobre un paseo cubierto, o sea paseo cubierto bajo unas escuelas; se habló del canal futuro, al que deseo barcos que entren y barcos que salgan; se habló del ferrocarril a Zornoza y de otras muchas cosas.

Desde el balcón se ve un hermoso paisaje, pero no soy poeta lakista y dejo al cuidado ajeno el imaginarse tal paisaje, asegurando que es más hermoso lo que se adivina que lo que se ve.

Por la noche estuve adivinando un Guernica venidero que no hay más que pedir ¡ni en *Las mil y una noches* cosa igual!

Al salir de la Sociedad para ir al paseo, vi la iglesia de San Juan, una iglesia pegada a una torre,

que parece templo asirio por las inscripciones que
la adornan, una de las cuales dice que no tiene
hueso sano, y las demás no sé qué. Me dijeron que
es provisional, pero todo es provisional, si no ¡vaya
un chiste! Y pian pianito al paseo, nombre que re-
cibe por antonomasia —creo que se dice así— uno
de los muchos y bonitos que allí conozco. En el paseo
vi a las jóvenes guerniquesas A. B. C. D. etc., etc., y
no desciendo a pormenores porque ni soy revistero
de paseos, ni me tengo por indiscreto, y quien desee
más detalles allí mismo le informarán. Ya he dicho que aprecio la naturaleza —y también el arte—
por la impresión que me produce, y asevero a ustedes que me gustaron mucho, y no vayan a contarlo
por ahí.

Allí pasé el tiempo lo mejor que quise y pude, y
cuando la oración de la tarde había sonado, me re-
tiré a mi albergue llevando en mi mollera, en confusión atropellada, el Árbol, la Sociedad, San Juan,
Santa Clara y Dios sabe cuántas cosas más.

En casa, antes de cenar, me entretuve en poner
orden en mis ideas rebeladas, y después de haber
cenado ¡qué chuletas, Dios mío, qué chuletas¡, me
fuí solito conmigo mismo por Rentería adelante.

(Ahora empieza lo romántico, y es lástima que no
acaba.) Pueden ustedes sospechar que era de noche
(y, sin embargo...) y el cielo despejado, y la luna,
en el cielo, marcando con perfiles cortados las sombras de los árboles y dividiéndose en pedazos de
luna que bailaban en los espejuelos del río. Me dió
la humorada de sentarme, y empecé, maquinalmen-
te, a contar las estrellas. "¿Cuántas estrellas hay en
el cielo?", nos preguntábamos cantando, desde niños. ¡Vaya una curiosidad! Sé que hay muchas, y
me bastan las suficientes para alumbrar una vereda
si el cielo está claro, a falta de luna. Me detuve
también a contemplar la boca y los ojos de la luna,
que algunos incrédulos, en su vana presunción, sos-
tienen, instigados por el enemigo malo, que son

continentes, mares y montañas. Entonces me acordé de que un amigo de los que tengo me había preguntado en cierta ocasión: "Oye, ¿por qué habrá Dios puesto la luna en el cielo?" Entonces le contesté que dónde quería que la hubiese puesto; y si hoy le encontrara —encontraría o encontrase, según la Academia— le diría: "¡Cacho de bolo!, ¿pues no lo ves?", y se convencería, ¡vaya si se convencería!, le conozco bien.

Volviendo a casa, entré en la Sociedad, parloteé un poquito y me volví a la posada resumiendo las impresiones del día. "¡Hermoso pueblo!, ¡hermoso pueblo! —me decía—, se me ha pasado un día volando; mañana será otro nuevo y el tiempo no es un círculo que se cierra. ¡Bendito sea Dios que da horas de alegría al que quiere cogerlas, que los tristes, por su culpa, se quedan sin ellas!"

Me acosté; no acostumbro soñar dormido, ni creo en sueños que son fruslerías propias de cuentos, y en el cuento verdadero de la vida un sueño vale por lo que vale, y siento haber dicho una vulgaridad o no haber dicho nada.

Y bien —dirás—, de todo este viaje ¿qué sacó usted en limpio? Hazte siempre, mi querido lector, esa reflexión y te pasarás la vida en una siesta, sobre la cama. Todo lo que hay sirve para algo, todo se aprovecha queriendo.

Declaro, bajo mi palabra de honor, y espero me crean, que en esta relación hay algo verdadero y algo fingido, para mezclar dulcemente a la verdad histórica la verdad novelesca.

¿Ahora querrán ustedes saber quién hizo este viaje? Pues lo hice

                                                     YO MISMO.

¡Ah! Se me olvidaba decir que en la fonda me trataron bien y me cobraron barato (1).

En *El Diario de Bilbao*, 16, 17 y 19 de junio de 1888.

LOS GIGANTES

A mi buen amigo don Eduardo Delmas y Sagasti

Muchas veces, amigo Eduardo, me ha expresado usted su deseo de que se explote la rica vena de nuestros casos y cosas locales, dándoles el colorido y sabor que han de menester, y hasta me ha excitado a que haga algo en este sentido. Aquí va un ensayo que a nadie mejor que a usted, uno de mis mejores, aunque de mis más recientes amigos, puedo dedicar. Dado mi humor, han de resultar estos recuerdos históricos cómicoelegacos o tragicómicos. ¡Cómo ha de ser!

> "Algunos condenarían mi Historia de triste. No hay modo de referir tragedias sino con términos graves. Las sales de Marcial, las fábulas de Plauto, jamás se sirvieron o representaron en la mesa de Livio."
>
> (DON FRANCISCO MANUEL DE MELO, en el prólogo a su *Historia de los movimientos, separación y guerra de Cataluña en tiempo de Felipe IV.*)

¡Gargantúa! Algo grande, grandísimo, pero vagaroso e informe, perdido en la neblina de mis tiempos míticos, de aquella edad del Bilbao legendario, que corre apacible hasta mi nacimiento. ¡Gargantúa! De él hablábamos los niños como los sabios hoy de Asurbanipal, Aménofis, Moisés o el *Ursus speloeus*, porque éramos chicos, al fin, del siglo XIX, mamadores del espíritu crítico, y sabíamos, de muy buena tinta, que no era Gargantúa más que un grandísimo pedazo de cartón. Yo no he conocido a Gargantúa más que por tradición; era un enorme tragaldabas arrastrado en un carro y por cuyo gaznate se deslizaban los muchachos, como por suave *sirin-sirin*, hasta ir a salir por el lado opuesto. ¡Qué lástima el que hubiese sido retirado el tradicional Gargantúa! ¡Qué pena no haber podido ser tragado y depuesto luego por el gigantón! Yo me le figuraba colosal, con ojos saltones, nariz roja, boca grande e insaciable apetito; acaso fué de otro modo. Más tarde he leído a Rabelais; no sé qué filiación pueda tener el héroe bilbaíno con el descomunal padre de Pantagruel, o éste con aquél, que todo podría ser. Averígüelo Vargas, porque es cosa de ocupar los ocios de cualquier erudito desocupado.

Gargantúa se fué; le mató una bomba cuando estaba paralítico y retirado; pero nos quedaron los gigantes para diversión de niños, entretenimiento de grandes y solaz de ancianos. He conocido tres dinastías de gigantes; los de la edad antigua, a quienes aquí en Bilbao no hemos conocido los jóvenes, los de la media y los de la moderna; con ojos de crítico, los viejos y los nuevos; los medianos, con ojos del niño.

A los antiguos gigantes les conocí en el destierro, caídos de su antiguo esplendor, humildes y cabizbajos. Era en Guernica; allí les vi y me parecieron unos gigantes enanos e insignificantes, comparados con los modernos gigantes de Bilbao. Ellos también reinaron; hicieron correr tras de sí a los muchachos, alegraron nuestras calles y animaron nuestras plazas y plazuelas; fueron encanto de nuestros abuelos. El progreso trajo nuevos gigantes más aptos para las nuevas necesidades sociales; la antigua dinastía cedió, y fueron tristes y resignados a terminar sus días en Guernica, donde, reyes en destierro, tornaron a regocijar al pueblo con sus mustias gracias. Eran desmayados sus andares, entre ridícula y trágica su expresión, flacos y menguados, pegadas a su armazón sus enjutas vestimentas.

Fué desastroso su fin. Era en agosto de 1886, durante las fiestas con que mi querida villa de Guer-

nica celebra a su santo patrono San Roque. Con-
cluída la romería y llegada la noche, dejaron a los
expatriados gigantes descansar bajo los soportales
de la casa del Concejo, y allí quedaron meditando
triste y filosóficamente en su pasada grandeza y en
su entonces feliz medianía, en aquel hermoso rin-
concillo. Almas empedernidas, *envinadas* mejor dicho, llegaron por allí de bureo a las altas horas de
la noche, y el demonio, enemigo de todo lo que sirve
de honesto recreo, y atormentador de reyes caídos
y de pretendientes, les sugirió la horrible traza de
dar fuego a los venerables desterrados. Las llamas
envolvieron sus túnicas y chamuscaron sus cabezas,
y allí fueron hallados a la mañana siguiente sus negros esqueletos calcinados, sin que durante la noche
se les hubiera oído exhalar una queja. *Sic transie-
runt.* (Q. E. P. D.)

Ahora vengo a los gigantes que llamara medios.
A éstos les conocí de niño, les traté, les admiré, les
vi, olí y toqué; sí, les toqué también, ¡vaya si les
toqué! Eran los míos.

Llegaban lo menos hasta el segundo piso, iban
serios y graves; ni se dignaban mirar a los chiquillos que les precedíamos. ¡Don Terencio y doña Tomasa! ¡Qué arrogante mozo era don Terencio, con
su sombrero estudiantil, su capa terciada y su reposado continente! ¡Qué bailes sus bailes, con qué
gravedad danzaban, sin que siquiera se les viera los
pies! Pero no, no; que yo se los vi, yo mismo, unos
piececitos enanos, chiquirrititos. ¡Qué desencanto!

¿Y el enano? ¡Qué fiero nos arremetía! Pero observé (yo siempre he sido obsservador) que era el
enano razonable, y que, como el toro, no azuzándole,
se pasaba de largo. Le esperaba yo un día en la
acera de mi calle, y según él se acercaba, se acre-
centaban los latidos de mi corazón. Estuve por echar
a correr delante de él, diciéndole: ¡*Enanito, caran-
tuelito! ¡Enano, pégame en la mano!*, pero por un
sentimiento de valor estoico, de rara sangre fría,

quedé clavado en las losas esperando a que pasase.
¡Qué rabia! ¡No sé lo que le hubiera hecho!... Ni me
tocó, cuando yo tenía en el sombrero preparado un
alfiler para que reventara su vejiga.

—*Sí, qué te crees tú; adentro van los barrenderos;
en lo demás, ¿cómo andarían?*

Chiquillos del siglo xix. Bien sabía yo que dentro
iban barrenderos, pero qué grande fué mi desilusión
cuando con mis ojos los vi, cuando toqué el armazón de tan formidables colosos, ¡mísero maniquí!
Habitaban la antigua casa de Misericordia, luego
cuartel de forales, hoy convertido en Audiencia, Escuela de Artes y Oficios, *orinadero* y otras cosas,
contigua a la iglesia de los Santos Juanes, y de donde los sacaban cuando se repicaba gordo, los vestían
y aderezaban para llevarles a dar un paseo triunfal
por la villa. Allí podía verlos y tocarlos si quería y
allí vi con amargo desconsuelo a los gigantes en armazón. No hay hombre grande en bata, ha dicho
alguien.

Desde entonces perdí el respeto a tan respetables
gigantones, y cuando al son alegre del tamboril y
el pito se paseaban con aquel paso peculiar a ellos,
el paso a saltitos, veía yo a través de sus flotantes
vestidos el pobre armazón de su esqueleto y sonreía
desdeñosamente cuando me hacía observar algún
amigo: *Miate, miate, ¿no te ves aquel bujerito que
tienen allí? Pues es pa que miren los barrenderos
que van adentro.* ¡Ay! ¡Si tuviéramos todos un *bujerito* por donde se nos viese al barrendero que lle-
vamos dentro!

Eran seis los gigantes de la edad media, y sus
enanos, dos. Representaban aquéllos por parejas Europa, Asia y África, pues, eran, además del grave
don Terencio, vestido de estudiante, símbolo de la
Europa, estudiante eterna, y de la garbosa y buena
moza de doña Tomasa, sal de la tierra, con su mantilla y su gigantesco gracejo, dos árabes y dos reyes
moros. Pero el regocijo de los niños chiquitos y de

los grandes eran los dos enanos, que no por serlo
dejaban de aventajar en estatura a cualquier mortal.
¡Qué cabezas tan descomunales sus cabezas! Eran
dos manolos, con redecilla, chupa de trencilla borda-
da, y calzón corto él; con vestidito breve ella. Aún
recuerdo el rostro de la enana: una cara pacífica,
reposada, de pánfila, lo que no empecía que diera
violentos vejigazos a todo bicho viviente y corriente.
¡Qué corridas aquéllas delante de los corretones cabezudos! Cabezudos les llamaba por lo fino el excelentísimo Ayuntamiento en los carteles de los fes-
tejos de la villa, por no denigrarles acaso con el
mote vulgar de enanos, con que todo el mundo les
conocía. Observé que, cuando algún barrendero, u
otro hombre, hablaba con ellos, lo hacía dirigiendo
su voz a la boca del enano, y en el fondo de ésta vi
asomar más de una vez el sudoroso rostro de algún
empleado municipal. *Miate, ¿no le ves por la boca
la cara a ese hombre que va adentro?... ¡Aivá! ¡Qué
chirene! Es el saramero de mi calle.*

Como Gargantúa el mítico y como los antiguos
gigantes, pasaron los gigantes medios, yendo a morir oscuramente no se sabe dónde. Fué su fin misterioso, como fin de héroes de la edad media. Si vi-
viéramos en otros tiempos, se les esperaría como al
rey Arturo, creyendo que un día habrán de venir
rodeados de pompa a divertirnos otra vez; algunos
me han hablado de qué sé yo qué transmigraciones
y metempsicosis de estos gigantes en los modernos,
pero esto es cosa de herejía; otros me han explicado
su fin por no sé qué trasformaciones que huelen a
vil materialismo, intentos todos que sólo obedecen
al menguado prurito de borrar lo sobrenatural de la
historia y reducirlo todo a leyes fatales: *Vade retro,
Satana.*

Yo me atengo a la explicación más cómoda.

Y vinieron los gigantes modernos, más elegantes
y pulidos, más de relumbrón y aparato, última y
nueva dinastía, a la que precipitó a su ruina la des-

comunal pompa que desplegaron. Los trajeron siendo yo más que niño, perdido, por consiguiente, para mí el encanto de tan encantadores personajes. Eran ocho: a Europa, Asia y África habían añadido América, y los enanos (cabezudos, según el excelentísimo Ayuntamiento) eran también ocho, correspondientes a sus ocho señores. ¡Oh mudanza de los tiempos y vanidad gigantesca de los modernos reyes!

Bastaban a los antiguos dos criados o bufones para seis, y traen los nuevos sendos enanos para solaz y servicio de cada uno de ellos. Empezaron su reinado con sobrada ostentación. Todos recordamos aquella india americana de bronceada tez y hermosos ojazos, que fué admiración de propios y extraños, y que hacía decir a muchos por lo bajo: "si pestañeara, y fuese yo gigante, o mucho más pequeñita ella!" A mí no me gustaba por su tamaño; aborrezco el bulto.

La india, siguiendo a su indio, miraba con desdén circular a sus pies el hormiguero de los vivientes.

A las gracias innatas y espontáneos bailoteos de los gigantes sus antepasados, sustituyeron éstos el estudiado y artificioso rigodón, que lo hubieron de aprender los barrenderos municipales para bailar a los gigantes en el solemne día de su inauguración solemnísima. ¡Oh! ¡El excelentísimo Ayuntamiento haciendo aprender el rigodón a los barrenderos!... ¡Qué *chirene* es el siglo de las luces!

Aún recuerdo cuando en el Arenal les vi, durante nuestras fiestas de agosto, bailar su gigantesco y recién estudiado rigodón. ¡*El beso, el beso!*, pedía el público infantil. Recordaban y pedían aquel graciosísimo saludo que, al concluir sus geniales y barrenderiles bailoteos, se hacían los históricos don Terencio y doña Tomasa, cayendo majestuosamente el uno sobre el otro, y resonando profundo y hueco como corresponde a besos de gigante. ¡Sí! —decía un muchacho a otro—*te credrás que se van a dar el beso; son nuevos y se les pueden apurruchar las na pias.* ¡Los modernos reyes no hacen siquiera el sacrificio de la nariz por su pueblo!

Llegamos a su fin, no trágico como el de los antiguos, ni misterioso como el de los medios, sino cómico, cual corresponde a los de nuestra edad, que en vez de morir en el campo de batalla o víctimas de traidores e intrigantes, se mueren de cualquier enfermedad prosaica. Era el tiempo de los cloruros, las fumigaciones y otras drogas; los gigantes, en cuyo palacio amontonaron no sé qué pontigues, no pudieron resistir y quedaron horriblemente deteriorados por la *cloruritis*. La lista civil y la necesaria reparación eran subidas, grandes las atenciones del municipio, mayor el hastío de los grandes, hombres de fines del xix, cansados ya de gigantes, máximos el desencanto y desplacer que personajes tan encopetados y aristocráticamente sublimados produjeron; se fulminó la sentencia y fueron estos gigantes modernos, reyes esplendentes de nuestras regocijadas fiestas, sacados, ¡oh ignominia!, a pública subasta. ¡A subasta! ¡Qué positivista es nuestro tiempo! Morir como los antiguos, o siquiera como los medios, regiamente..., ¡pero ser subastados como trasto inservible y viejo! Nadie quiso dar un ochavo por ellos, y fueron en gabarras, con su *cloruritis*, a tomar aires del mar a Portugalete, donde, reyes desterrados, como en Guernica los antiguos, alegran a la fresca chiquillería por aquel muelle nuevo, y donde morirán al fin, como murieron los antiguos, trágicamente, y misteriosamente los medios. Ya dijo Rioja:

> Las torres que desprecio al aire fueron,
> a su gran pesadumbre se rindieron.

Hemos quedado faltos de gigantes y ahitos de faroles que no se encienden; nuestros hijos oirán hablar de los rendidos gigantones, como de pobres fósiles que, por especialísima providencia divina, lle-

garon a nuestra edad menguada y frigidísima para
ser juguete, en vez de admiración de los pueblos.

Yo ahora, recordando al mítico y legendario Gargantúa, a quien no conocí, a los antiguos gigantes,
de cuya trágica muerte fuí testigo, a mis gigantes
de la edad media, de misterioso acabamiento, y a
los modernos de ignominiosa subasta, no puedo menos de exclamar con énfasis.

¡Al león viejo hasta los ratoncillos le mean! ¡Ved
el fin de los gigantes del siglo XIX, elocuente ejemplo dado al mundo de la vanidad de las cosas gigantescas!

NOTA IMPORTANTÍSIMA.—Lo que precede es la novela histórica, modificada la estricta verdad para
acomodarla a las necesidades de la ficción poética.

Pero como abundan las personas meticulosas y
exigentes que no se pagan de novelerías, y piden
siempre la *impura realidad,* me apresuro, en su obse-
quio, y en descargo de mi conciencia de grave his-
toriador, a restablecerla.

Los que llamo antiguos gigantes no son tales, y
sí sólo unos monigotes elásticos que se hicieron hacia el año 1850 y tantos, para una cabalgata, y fueron, perdida su elasticidad, a acabar sus días en
Guernica, con el fin trágico que he narrado y que
es rigurosamente histórico. Los gigantes medios
eran antiquísimos, databan de nuestros tatarabuelos, lo menos, y Gargantúa fué posterior, aunque
acabó su vida también antes que ellos. Estos, la crí-
tica histórica, positivista y plagada de darwinismo
hoy, asegura que se transformaron en los nuevos,
pero yo me resisto a creerlo.

Algunos eruditos, haciendo observar que los gigantes medios sólo representaban a Europa, Asia
y África, les hacen anteriores al descubrimiento de
la América (1492), coetáneos acaso, o poco poste-
riores a la fundación de la villa en 1300.

Dadas estas explicaciones, repito que me quedo
con mi visión archiintuitiva de las tres gloriosas di-

nastías, y dejo a los empedernidos positivistas, ojos sin color y alma sin poesía, el atenerse a la menguada verdad histórica. ¡Quién sabe si es lo suyo fábula empírica, y mítica verdad lo mío! ¡Cuidado con el empeño de quitarnos lo maravilloso!

Respecto a los nombres de don Terencio y doña Tomasa, yo tenía una presunción, pero recorriendo la lista de los nombres de nuestros alcaldes, que hace poco publicó un almanaque, no he podido, con gran pesar, hallar que ninguno de ellos se llamara don Terencio.

Si yo quisiera perder el tiempo, revolvería nuestros archivos y la memoria de nuestros ancianos para sacar en limpio quién y cómo construyó los gigantes, bajo qué alcalde, y cuántos maravedises costaron, así como también Gargantúa, que debió de ser ocurrencia de algún erudito lector de Rabelais; pero queden estas investigaciones para quien no posee, como yo, el inestimable don de la intuición histórica, con el cual sé pasarme tan ricamente. Por otra parte, creo que usted, querido Eduardo, se contentará con mis visiones y no aspirará a esas menudencias de archivo (2).

En *El Norte*, de Bilbao, 11, 12 y 14 de junio de 1887.

Soli, solitaña,
vete a la montaña,
dile al pastor
que traiga buen sol
para hoy y pa mañana
y pa toda la semana.

(Canto infantil bilbaíno.)

Érase en Artecalle, en Tendería o en otra cualquiera de las siete calles, una tiendecita para aldeanos, a cuya puerta paraban muchas veces las zamu-
dianas con sus burros. El cuchitril daba a la angosta
portalada, y constreñía el acceso a la casa un ban-
quillo lleno de piezas de tela, paños rojos, azules,
verdes, pardos y de mil colores, para sayas y refa-
jos; colgaban sobre la achatada y contrahecha puerta, pantalones, blusas azules, elásticos de punto
abigarrados de azul y rojo, fajas de vivísima púrpura, pendientes de sus dos extremos, boinas y otros
géneros, mecidos todos los colgajos por el viento
noroeste, que se filtraba por la calle como por un
tubo y formando a la entrada como un arco que
ahogaba a la puertecilla. Las aldeanas paraban en
medio de la calle, hablaban, se acercaban, tocaban,
retocaban los géneros, hablaban otra vez, iban, se
volvían, entraban y pedían, regateaban, se iban, volvían a regatear, y, al cabo, se quedaban con el género. El mostrador, reluciente con el brillo triste
que da el roce, estaba atestado de piezas de tela;
sobre él unas compuertas pendientes que se levantaban para sujetarlas al techo con unos ganchos y
servían para cerrar la tienda y limitar el horizonte.
Por dentro de la boca abierta de aquel calidoscopio
olor a lienzo y humedad; por todas partes y en todo

los rincones, piezas, prendas de vestido, tela de tierra para camisas de penitencia, montones do boinas,
todo en desorden agradable; en el suelo, sobre bancos y en estantes, y junto a una ventana que recibía
la luz opaca y triste del cantón, una mesilla con su
tintero y los libros de don Roque.

Era una tienda de género para la aldeanería. Los
sentidos frescos del hombre del pueblo gustan los
choques vivos de colorines chillones, buscan las alegres sinfonías del rojo con el verde y el azul, y las
carotas rojas de las mozas aldeanas parecen arder
sobre el pañuelo de grandes y abigarrados dibujos.
En aquella tienda se les ofrecía todo el género a la
vista y al tacto, que es lo que quiere el hombre que
come con ojos, manos y boca. Nunca se ha visto
género más alegre, más chillón y más frescamente
cálido, en tienda más triste, más callada y más ti-
biamente fría.

Junto a esta tienda, a un lado, una zapatería con
todo el género, en filas, a la vista del transeúnte; al
otro lado, una confitería oliendo a cera.

Asomaba la cabeza por aquella cáscara cubierta
de flores de trapo el caracol humano, húmedo, enco-
gido y silencioso, que arrastra su casita, paso a paso,
con marcha imperceptible, dejando en el camino un
rastro viscoso que brilla un momento y luego se
borra.

Don Roque de Aguirregoicoa y Aguirrebecua, por
mal nombre *Solitaña,* era de por ahí, de una de esas
aldeas de *chorierricos* o cosa parecida, si es que no
era de hacia la parte de Arrigorriaga. No hay memoria de cuándo vino a recalar en Bilbao, ni de
cuándo había sido larva joven, si es que lo fué en
algún tiempo; ni sabía a punto cierto cómo se casó,
ni por qué se casó, aunque sabía cuándo, pues desde
entonces empezaba su vida. Se deduce *a priori* que le
trajo de la aldea algún tío para dedicarle a la tienda. Nariz larga, gruesa y firme; el labio inferior saliente; ojos apagados a la sombra de grandes cejas;

afeitado cuidadosamente; más tarde calvo; manos grandes y pies mayores. Al andar se balanceaba un poco.

Su mujer, Rufina de Bengoechebarri y Goicoechezarra, era también de por ahí, pero aclimatada en Artecalle; una ardilla, una cotorra, y lista como un demonio. Domesticó a su marido, a quien quería por lo bueno; ¡era tan infeliz *Solitaña!*, un bendito de Dios, un ángel, manso como un cordero, perseverante como un perro, paciente como un borrico.

El agua que fecunda a un terreno esteriliza a otro, y el viento húmedo que se filtraba por la calle oscura hizo fermentar y vigorizarse al espíritu de doña Rufina, mientras aplanó y enmoheció al de don Roque.

La casa en que estaba plantado don Roque era viejísima y con balcones de madera; tenía la cara más cómicamente trágica que puede darse, sonreía con la alegre puerta y lloraba con sus ventanas tristes. Era tan húmeda que salía moho en las paredes.

Solitaña subía todos los días la escalera estrecha y oscura, de ennegrecidas barandillas, envuelta en efluvios de humedad picante, y la subía a oscuras, sin tropezarse ni equivocar un tramo, donde otro se hubiera roto la crisma, y mientras la subía lento e impasible, temblaba de amor la escalera bajo sus pies y le abrazaba entre sus sombras.

Para él eran todos los días iguales e iguales todas las horas del día; se levantaba a las seis, a las siete bajaba a la tienda, a la una comía, cenaba a eso de las nueve y a eso de las once se acostaba, se volvía de espalda a su mujer, y recogiéndose como el caracol, se disipaba en el sueño.

En las grandes profundidades del mar viven felices las esponjas.

Todos los días rezaba el rosario, repetía las Ave marías, como la cigarra y el mar repiten a todas horas el mismo himno. Sentía un voluptuoso cosqui lleo al llegar a los *orá por nobis* de la letanía: siem pre, al *agnus,* tenían que advertirle que los *orá por nobis* habían dado fin: seguía con ellos por fuerza de la inercia. Si algún día, por extraordinario caso, no había rosario, dormía mal y con pesadillas. Los domingos lo rezaba en Santiago, y era para *Solitaña* goce singular el oír, medio amodorrado por la oscuridad del templo, que otras voces gangosas repetían con él a coro, *orá por nobis, orá por nobis.*

Los domingos por la mañana abría la tienda hasta las doce, y por la tarde, si no había función de iglesia y el tiempo estaba bueno, daban una vuelta por Begoña, donde rezaban una Salve y admiraban siempre las mismas cosas, siempre nuevas para aquel bendito de Dios. Volvía repitiendo: ¡Qué hermosos aires se respiran desde allí!

Subían las escaleras de Begoña, y un ciego, con tono lacrimoso y solemne:

—Considere, noble caballero, la triste oscuridad en que me veo... la Virgen Santísima de Begoña os acompañe, noble caballero...

Solitaña sacaba dos cuartos y le pedía tres ochavos de vuelta. Más adelante:

—Cuando comparezcamos ante el tribunal supremo de la gloria...

Solitaña le daba un ochavo. Luego una mujercilla viva:

—Una limosna, piadoso caballero...

Otro ochavo. Más allá, un viejo de larga barba blanca, gafas azules, acurrucado en un rincón con un perro y con la mano extendida. Otro más adelante, enseñando una pierna delgada, negra, untosa y torcida, donde posaban las moscas. Dos ochavos más. Un joven cojo pedía en vascuence, y a éste *Solitaña* le daba un cuarto. Aquellos acentos sacudían en el alma de don Roque su fondo yacente y sentía en ella olor a campo, verde como sus paños para sayas, brisas de aldea, vaho de humo de caserío, gusto a borona. Era una evocación que le hacía oír en el fondo de sí mismo, y como salidos de un fonógrafo,

cantos de mozas, chirridos de carros, mugidos de
buey, cacareos de gallinas, piar de pájaros, algo que
reposaba formando légamo en el fondo del caracol
humano, como polvo amasado con la humedad de
la calle y de la casa.

Solitaña y el mostrador de la tienda se entendían
y se querían. Apoyando sus brazos cruzados sobre
él, contemplaba a los chiquillos que jugaban en el
regatón para desagüe, chapuzando los pies en el
arroyuelo sucio. De cuando en cuando el *chinel*, ade-
lantando alternativamente las piernas, cruzaba el
campo visual del hombre del mostrador, que le veía
sin mirarle y sacudía la cabeza para espantar alguna mosca.

Fué en cierta ocasión, como padrino, a la boda de
una sobrina; "a refrescar un poco la cabeza —decía
su mujer—, a estirar el cuerpo, siempre metido aquí
como un oso. Yo ya le digo: Roque, vete a dar un
paseo, toma el sol, hombre, toma el sol; y él, nada".
A los tres días volvió diciendo que se aburría fuera
de su tienda; él lo que quería es encogerse y no es-
tirarse; los estirones le causaban dolor de cabeza
y hacían que circulara por todas sus venas la humedad y la sombra que reposaban en el fondo de su
alma angelical, eran como los movimientos para el
reumático. "*Mamarro*; más que *mamarro*, le decía
doña Rufina; pareces un topo." *Solitaña* sonreía
Otro de sus goces, además del de medir telas y lo
orá por nobis, era oír a su mujer que le reñía: ¡qué
buena era Rufina!

Venía alguna mujer a comprar:

—Vamos, ya me dará usted a dieciocho.

—No puede ser, señora.

—Siempre dicen ustedes lo mismo, ¡es usted más
carero!... Lo menos la mitad gana usted; nada, ¡a
dieciocho, a dieciocho!...

—No puede ser, señora.

—¡Vaya!, me lo llevo... ¡tome usted!

—Señora, no puede ser.

—¡Bueno! Lo será... siquiera a dieciocho y medio; vaya, me lo llevo...

—No puede ser, señora.

—Pues bien; ni usted, ni yo; a diecinueve.

—No puede ser...

Vencida al fin por el eterno martilleo del hombre húmedo, o se iba o pagaba los veinte. Así es que preferían entenderse con ella que, aunque tampoco cedía, daba razones, discutía, ponderaba el género; en fin, hablaba. Pero para los aldeanos no había como él: paciencia, vence a paciencia.

La tienda de *Solitana* era afortunada. Hay algo de imponente en la sencilla impasibilidad del bendito de Dios; los hombres exclusivamente buenos atraen.

Cuando llegaba alguno de su pueblo y le hablaba de su aldea natal, se acordaba del viejo caserío, de la borona, del humo que llenaba la cocina cuando, dormitando con las manos en los bolsillos, calentaba sus pies junto al hogar donde chillaban las castañas, viendo balancearse la negra caldera pendiente de la cadena negra. Al evocar recuerdos de su niñez, sentía la vaga nostalgia que experimenta el que salió niño de su patria y vive feliz y aclimatado en tierra extraña.

Eran grandes días de regocijo cuando él, su mujer y algunos amigos iban a merendar al campo o a hacer alguna fresada. Se volvían al anochecer tranquilamente a casa, sintiendo circular dentro del alma todo el aire de vida y todo el calor del sol. Una vez fueron en tartana a Las Arenas: nunca había visto aquello *Solitaña*.

¡Oh los barcos! ¡Cuánto barco! Y luego el mar. ¡El mar con olas! A *Solitaña* le gustaba el monótono resuello de la respiración del monstruo. ¡Qué hermoso acompañamiento para la letanía! Al día siguiente, viendo correr el agua sucia por el canalón de la calle, se acordaba del mar; pero allí en su tienda, se palpaba a sí mismo.

Por Navidad se reunían varios parientes; despué
de la cena había bailoteo, y era de ver a *Solitañ*
agitando sus piernas torpes y zapateando con su
pies descomunales. ¡Qué risas! Bebía algo más qu
de costumbre, y luego le llamaba hermosa y salad
a su mujer.

Bajo el mismo cielo, lluvioso siempre, *Solitaña* er
siempre el mismo; tenía en la mirada el reflejo d
suelo mojado por la lluvia; su espíritu había echad
raíces en la tienda como una cebolla en cualquie
sitio húmedo. En el cuerpo padecía de reuma, cuyo
dolores le aliviaba el opio de las conversaciones d
sus contertulios.

Iban a la noche, de tertulia, un viejo siempre ta
guapo, *bizcor, bizcor,* según él decía, alegre y dicha
rachero, que contaba siempre escenas de caza y limo
nada; otro, que cada ocho días narraba los fusila
mientos que hizo Zurbano cuando entró en Bilbao
año 41, y, algunas veces, un cura muy campechan
Siempre se hablaba de estos tiempos de impiedad
liberalismo; se contaban hazañas de la otra guerr
y se murmuraba si saldrían o no otra vez al mont
los montaraces. *Solitaña,* aunque carlista, era d
temperamento pacífico, como si dijéramos, ojalater

Sin dejar de atender a la conversación, de inter
sarse en su curso, pensando siempre en lo últim
que había dicho el que había hablado el último, s
dirigía a los rincones de la tienda, servía lo qu
pedían, medía, recibía el dinero, lo contaba, dal
la vuelta y se volvía a su puesto. En invierno hab
brasero, y por nada del mundo dejaría *Solitaña*
badila, que manejaba tan bien como la vara, y co
la cual revolvía el fuego mientras los demás cha
laban, y luego, tendiendo los pies con deleite, do
mitaba muchas veces al arrullo de la charla.

Su mujer llevaba la batuta, la emprendía contr
los *negros,* lamentaba la situación del Papa, pres
en Roma por culpa de los liberales; ¡duro con ello
Ella era carlista porque sus padres lo habían sid

porque fué carlista la leche que mamó, porque era carlista su calle, lo era la sombra del cantón contiguo y el aire húmedo que respiraban, y el carlismo, apegado a los glóbulos de su sangre, rondaba por sus venas.

El viejo, siempre tan guapo, se reía de esas cosas; tan alegres eran *blancos* como *negros,* y en una limonada nadie se acuerda de colores; por lo demás, él bien sabía que sin religión y palo no hay cosa derecha.

Hablaban de una limonada.

—¡Qué limonada! —decía el que vió los fusilamientos de Zurbano—. ¡Pedazos de hielo como puños navegaban allí!...

—Tendríais sarbitos —interrumpió el viejo, siempre tan guapo—; en la limonada hasen falta sarbitos... Sin sarbitos, limonada *fachuda;* es como tambolín sin chistu. Cuando están aquellos cachitos helaos que hasen mal en los dientes, entonces...

—Unas tajaditas de lengua, entonses...

—Unas tajaditas de lengua no vienen mal...

—Sí, lengua también; pero, sobre todo, sarbitos; que no falten los sarbitos...

Solitaña se sonreía, arreglando el fuego con la badila.

—A mí ya me gusta también un poco merlusita en salsa... —volvió el otro.

—¿Con la limonada? Cállate, hombre, no digas *sonsorgadas...* Tú estás tocao... ¿Merlusa en salsa con la limonada? A ti sólo se te ocurre...

—Tú dirás lo que quieras; pero pa mí no hay como la merlusa..., la de Bermeo, se entiende; nada de merlusa de Laredo; cada cosa de su pasaje: sardinas de Santurse, angulitas de la Isla y merlusa de Bermeo...

—No haga usted caso a eso —dijo el cura—; yo he comido en Bermeo unas sardinas que *talmente* chorreaban manteca; sin querer, se les caía el pe-

llejo..., y estando en Deva, unas angulitas de Aguí-
naga, que ¡vamos!...

—Bueno, hombre, pues ¿qué digo yo? Cada cosa
en su sitio y a su tiempo; luego los caracoles, después el besugo... Hisimos una caracolada poco antes
de entrar Zurbano el año...

—Ya te he dicho muchas veces —le interrumpió
el viejo, siempre tan guapo— que tú no sabes ni
coger, ni arreglar los caracoles, y, sobre todo, te
vuelvo a desir, y no le des más vueltas, que con la
limonada, sarbitos, y al que te diga merlusa en salsa,
le dises que es un arlote barragarri... Si me vendrás
a desir a mí...

—¿Y si a mí me gusta en la limonada merlusa
en salsa?...

—Entonses no sabes comer como Dios manda.

—¿Que no sé?

—Bueno, bueno —interrumpió el cura para cortar
la cuestión—; ¿a que no saben ustedes una cosa
curiosa?

—¿Qué cosa?

—Que los ingleses nunca comen sesos.

—Ya se conose; por eso están tan coloraos —dijo
el viejo guapo—; porque en cambio te sampan cada
chuleta cruda, y te pescan cada sapalora...

—Esos herejes... —empezó doña Rufina.

Y venía rodando la conversación a los liberales.

Cuando los contertulios se marchaban, cerraban
la tienda doña Rufina y su marido; contaban el dinero cuidadosamente, sacando sus cuentas; luego
con una vela encendida, registraban todos los rincones de la tienda; miraban tras de las piezas, bajo
el mostrador y los banquillos; echaban la llave, y se
iban a dormir. *Solitaña* no acostumbraba a soñar; su
alma se hundía en el inmenso seno de la inconcien-
cia; arrullada por la lluvia menuda o el violento gra-
nizo que sacudía los vidrios de la ventana.

Al día siguiente se levantaba como se había levantado el anterior, con más regularidad que el so-

que adelanta y atrasa sus salidas, y bajaba a la tienda, en invierno, entre las sombras del crepúsculo matutino.

En Jueves Santo parecía revivir un poco el bendito caracol; se calaba levita negra, guantes también negros, chistera negra, que guardaba desde el día de la boda, e iba con un bastoncillo negro a pedir para la Soledad de la negra capa. Luego, en la procesión, la llevaba en hombros, y aquel dulce peso era para él una delicia, sólo comparable a una docena de letanías con sus quinientos sesenta y dos *orá por nobis*.

¡Pobre ángel de Dios, dormido en la carne! No hay que tenerle lástima; era padre, y toda la humedad de su alma parecía evaporarse a la vista del pequeño. ¿Besos? ¡Quia! Esto en él era cosa rara; apenas se le vió besar a su hijo, a quien quería como buen padre: con delirio.

Vino el bombardeo; se refugió la gente en las lonjas y empezó la vida de familias acuarteladas. Nada cambió para *Solitaña;* todo siguió lo mismo. La campanada de bomba provocaba en él la reacción inconsciente de un Avemaría y la rezaba pensando en cualquier cosa. Veía pasar a los *chimberos* de la otra guerra, como veía pasar el eterno *chinel.* Si el proyectil caía cerca, se retiraba adentro y se tendía en el suelo presa de una angustia indefinible. Durante todo el bombardeo no salió de su cuchitril. La noche de San José temblaba en el colchón, tendido sobre el suelo, ensartando Avemarías. *Si al cabo entraran* —decía doña Rufina— *ya le haría yo pagar a ese negro de don José María lo que nos debe.*

Su hijo fué a estudiar medicina. La madre le acompañó a Valladolid; a su cargo corría todo lo del chico. Cuando acabó la carrera, pensaron por un momento dejar la tienda, pero *Solitaña* sin ella hubiera muerto de fiebre, como un oso blanco trasportado al África ecuatorial.

Vino el terremoto de los Osunas, y cuando las obligaciones bambolearon, crujió todo y cayeron entre ruinas de oro familias enteras, se encontró *Solitaña,* una mañana lluviosa y fría, con que aquel papel era papel mojado, y lo remojó con lágrimas. Bajó mustio a la tienda y siguió su vida.

Su hijo se colocó en una aldea, y aquel día dió don Roque un suspiro de satisfacción. Murió su mujer, y el pobre hombre, al subir las escaleras, que temblaban bajo sus pies, y sentir la lluvia, que azotaba las ventanas, lloraba en silencio con la cabeza hundida en la almohada.

Enfermó. Poco antes de morir le llevaron el viático, y cuando el sacerdote empezó la letanía, el pobre *Solitaña,* con la cabeza hundida en la almohada, lanzaba con labios trémulos unos imperceptibles *orá por nobis* que se desvanecían lánguidamente en la alcoba, que estaba entonces como ascua de oro y llena de tibio olor a cera. Murió; su hijo le lloró el tiempo que sus quehaceres y sus amores le dejaron libre; quedó en el aire el hueco que al morir deja un mosquito, y el alma de *Solitaña* voló a la montaña eterna, a pedir al pastor, él, que siempre había vivido a la sombra, que nos traiga buen sol, para hoy, para mañana y para... siempre.

¡Bienaventurados los mansos!

En *El Diario de Bilbao,* 16, 17 y 19 de junio de 1888.

UN PARTIDO DE PELOTA

Se anunciaba para el domingo, si el tiempo no lo impedía, un gran partido de pelota, extraordinario y fuera de abono, en el frontón de Abando, partido en que atravesaban los jugadores 5.000 pesetas, entre Indalecio Sarasqueta (el Chiquito) de Eibar, y Vicente Elícegui, de Rentería, contra Francisco Alberdi (Baltasar) y Juan José Eceiza (Mardura): los dos últimos, de Azpeitia. Fijaban luego las condiciones del partido, a ble, a habilidad libre, a tantos y a sacar todos de los cuatro cuadros, con doce pelotas finas, de ciento dieciocho a ciento veinte gramos, elaboradas por don Modesto Sáinz, de Pamplona. Todo así, detalladito, y luego el cartelón seguía fijando los precios desde diez hasta tres reales, y otras menudencias.

Se habían avistado ya el Chiquito y Mardura: habían elegido las doce pelotas, y éstas, selladas, fueron remitidas en saco, también sellado y lacrado. No es la cosa para menos.

Al fin ¡ya era hora! Llegó el día al cabo radiante de esplendores. Palpitaba el aire bajo un cielo de zafiro bruñido que reverberaba al sol, y la luz caía a chorros. ¡Vaya un calor! Llovía fuego derretido. Son aquí estos días como garbanzos de libra; don de la Providencia. Fué ansiado con más ahinco que el de la boda por los novios, más que las Pascuas durante los ayunos. En todos los rinconcillos de Vizcaya se le esperaba como el santo advenimiento; al acostarse repetían muchos la misma canción; contaban con los dedos... "Hoy, jueves, 22; mañana,

viernes, 23; pasado, sábado, 24; el otro... ¡dos días
faltan!" Soñaban con airosos reveses y voleas vigo-
rosas, revolviéndose de gusto en la cama, haciéndose
boca. Desde Cádiz vino uno, sólo por verlo. Estaban
ya pedidos los billetes; los revendedores hicieron su
agosto. ¡Qué partido!

Aquel gran día arrastró el ferrocarril de Durango
a cientos de hombres de todos los pueblecitos del
interior: médicos y curas en mayoría. En todas las
caras el regocijo anhelante de los niños el día del
santo patrono del colegio, día de asueto. Desde la
mañanita temprano bordeaban de la ceca a la meca,
por las calles de la villa, diferente grupos. "¡Eh,
José!" ¿*Kaisho, Chomin, emendi*? El otro, sonriendo, como resignado y alzando los hombros: *¡parti-
dubé ikusterá!* — "¡Hola Pachi! ¿A lo mismo, eh?"
"¡A lo mismo!" Se restregaban las manos murmurando: "¡qué partido!" Se citaban para la tarde. "¡Si
está aquí medio Munguía!...", decía uno. "¡Todo
Bermeo!", otro, y un tercero: "¡Ha quedado libre
Durango!" "¿Has visto al alcalde?" "¿Dónde para
el secretario?" Preguntas, exclamaciones, manota-
das en las espaldas, apretones de manos, frases pla-
gadas de acentos, recargadas de alma las palabras,
castellano, semicastellano, vascuence en sus diferentes tonos y matices, el schischeo del interior, algún que otro *yiyá* de guipuzcoano de *beterri*, el
canturreo de la costa. *La Prusiana* parecía una colmena en primavera: gentes que entraban mientras
salían otras, yentes y vinientes, andantes y parados,
rumor de tenedores y cucharas, retintín de copas
timbradas, susurros y palmadas; un gran día, sin
duda.

Después de devorar, cuya hora adelantaron muchos, era de ver el Boulevard, delante del Suizo, allí,
bajo el toldo; aquello parecía un hormiguero; ¡qué
enjambre tan zumbón! "¡Diez duros por Azpeitia!"
"¡Veinte!" "¡Cuarenta!" Los que ponían poco lo
anunciaban muy alto; los jugadores gordos cerraban

sus apuestas en voz baja, sin ostentación ni bullanga, como se cierran los grandes negocios. "¿Cómo anda el papel?" "¿Qué agio se da?" "¿Hay momio?" "¡Está a la par!" "¡Cincuenta a cuarenta por Elícegui!" "¡Hum, hum!" ¡Parecía una bolsa de contratación en días de crisis ministerial!

Alrededor de una mesa un corrillo de muchachos, que ponían pescuezo largo y se alzaban sobre los pies para verles, les devoraban con los ojos, les contemplaban con la boca abierta, hurgándose al nariz alguno: ¡oh los jugadores! Estaban rodeados de sus cortesanos. Una cara correosa, seria y lánguida, ojos caídos, frente arrugada, cráneo largo, fisonomía de viejo en cuerpo joven, una cabeza delgada y fina sobre unas espaldas anchas y sólidas. Junto a él un rostro agudo, acabado en nariz, unos ojillos que parpadeaban vivamente en una cabeza clavada del tronco. Luego la gente se removió hacia otra parte; llegaba un moreno airoso, de tez bronceada, con fino bigote, eterna sonrisa, andar ligero y suelto, algo como la marcha de un gato montés, cuerpo hecho a torno, elegante, típico ejemplar de nuestra raza vasca. Dieron las cuatro, empezó el traqueteo de los coches, los tranvías eran tomados por asalto; iban como racimos de hombres.

Un edificio extenso y chato, guarnecido de grandes ventanas a todo su largo y escudos de armas sobre ellas, rematado por una balaustrada. Abajo, tiendas de comestibles y bebidas. A continuación de él, otro elegante edificio de tres cuerpos: la escuela. En la taquilla una avalancha de gente que empujaba y alargaba los brazos, peleándose por coger billete. Por dentro, el juego espacioso, del cual rebasaba el aire pesado y espeso del sudeste, sofocante, aire que vivía y se agitaba a todo lo largo y todo lo ancho. La cancha reluciente, caldeada, emanaba bocanadas de calor, un aliento de piedra que hervía; las paredes, descarnadas, se alzan rectas, planas y desnudas como tapias de presidio. La gradería sube en declive; abajo, filas de sillas; algo todo ello como un circo romano modernizado, con las líneas rectas de un monumento egipcio, y por encima de las paredes, las recortadas montañas verdes pegadas al cielo azul. El viento riza las banderolas.

La gente, vomitada de los atestados tranvías, va entrando. El pueblo empieza a acostarse en la gradería con murmullos de impaciencia. Una masa gris, abigarrada y compacta, palpitante como un montón de gusanos, puntos rojos, azules y marrones aquí y allí; a trechos, manchas negras: grupos de curas, que van al espectáculo. Uno con su papelito y su lápiz se prepara a tomar notas. Abajo algunas señoras, con sombrero casi todas.

Por entre la gente que ocupa la cancha se adelanta, abriéndose paso, un mocetón, alto, fornido, blanco y graso, pelo ensortijado, cara de angelón de retablo. La camisa blanca, matizada de variadísimas sombras por pliegues riquísimos, boina azul, cinturón rojo, pantalones blancos y anchos, y alpargatas también blancas. En el brazo derecho la *chistera*, sacudiéndola para probar si está sujeta. Empiezan a pelotear para entrar en calor, a templar las cuerdas: es como el mosconeo que precede a la ejecución en las orquestas.

"¡Ya está aquí Baltasar!" Unos se levantan y otros se sientan, impacientes, ensayando posturas, tosiendo, remangándose los calzones, empujando a los de adelante, se moldean al asiento, buscan sitio a los pies; alguno limpia los lentes; todos comentan, hablan y gesticulan, y en todas las caras la movilidad inquieta de quien espera una primera cita. A las cinco menos minutos, empiezan los aplausos de impaciencia, las voces de ¡fuera!, ¡a sentarse!, el hormigueo de la gente de sillas que se retira; sombrillas que se cierran. ¡Vamos a ver!

Un duro forma espejuelos en el aire y cae entre los jugadores con agudo retintín: han echado a cara o cruz el saque. Baltasar se dirige a la mesa; allí

delante, en sus sillas, los abogados del juego: dos
junto al escás de saque; junto al de pase, otros dos;
en medio, el juez de plaza. El jugador toma la pelota, la palpa y bota, dándosela luego al contrario,
quien, examinada y botada, se la devuelve. ¡Al fin!
Toses, expectación. Está libre la cancha; se oye un
susurro humano como rumor de fiera en acecho, de
tempestad lejana que viene: va a sacar Baltasar.
Mira a los otros, ellos el cuerpo hacia adelante, la
cesta caída, el Chiquito encorvado, delante, a la volea; el renteriano, detrás, al bote, todo ojos, esperan.
¡Se arranca!... ¡ia, Pachico! ¡Aup! ¡Sale!... ¡Volea!
¡Bravo, Chiquito!

Así principió la brega, que fué aquel día dura, du-
rísima. Un moscón cursi de tendido no se saciaba
de repetir que *rayaban los jugadores a grande altura*. Era frase de fiesta y no se le atragantaba jamás.

Los primeros tantos no hacían fermentar al pueblo; todavía no llegaba el entusiasmo a punto de
horno. El sol achicharraba. Se respiraban dos ban-
dos parcialísimos: los unos, sólo aplaudían a los de
Azpeitia; a los otros dos, los otros, y no tan sólo el
remate ingenioso o rápido de algún tanto, sino también las pifias del contrario. Allí tirios y troyanos,
rojos y blancos, oñacinos y gamboínos; la cuestión
eterna y eternamente renovada, levadura humana,
el perejil de todas salsas y sal de todo puchero. ¡Qué
clamoreo se levantó cuando, agrupándose los jueces,
de pie, con las boinas en la mano, resolvieron dar
un tanto a una de las partes! Los abogados no se
entendían; llamaron al juez; esperaba impaciente el
encargado del tanteador, corrió éste, y tras de él,
todos los ojos. Sonó el timbre... ¡para Eibar! ¡Qué
bronca, cielo santo! ¡Silbidos, gritos, patadas, aplausos! Un remolino de voces: "¡Fuera!, ¡falta!, ¡bravo!" El Chiquito miraba sin sacar.

No es el público de las corridas de toros que sa-
borea un quite, paladea una estocada y se estremece,
con júbilo de la sangre, ante un buen puyazo; allí

no hay fracciones que luchan; no se apasionan por
el toro unos, y otros por el matador: es una lucha
impersonal. Aquí es el pueblo de las guerras de bandería, amasado con carne de batalla, arrullado por
el fragor del combate. El dinero anda de por medio
sazonando la pasión.

Hay marduristas y eliceguistas, esclavos de su
sangre y su temperamento, los que siguen a la fuerza de la astucia, al cálculo y la rapidez, y los que
adoran y creen en la fuerza franca y sólida, abierta
y sin dobleces. Dice el cartel Mardura, y le plurali-
zan llamándose Marduras. Chiquitistas apenas los
hay, y lo son todos; se admira al eibarrés como a
Homero, sin haberle leído. de oídas, y como de cajón; unos hablan de sus buenos tiempos, otros le
creen en sus mejores; dicen aquéllos que ha bajado;
éstos, que el suelo ha subido; tiene ya su leyenda.

"—Cállate, bocota, cállate! Elísegui dar y dar na
más!

"—¡Nos ha chafao! Y Mardura... más susio que
no sé qué...

"—Susio, o no susio, él te gana... ¿Y el otro qué?
La cuestión es ganar.

"—¡No, señor! La cúestión es jugar limpio."

La sustancia es la misma siempre, varía la salsa.
Elícegui y Mardura son dos símbolos, banderas.

En alguna parte del público se notaba animosidad
contra los azpeitianos, la inquina del español hacia
el que ha subido pronto; no puede resistir al deseo
de tirarle de una pierna. Siempre los azpeitianos: los
azpeitianos por arriba, los azpeitianos por abajo
¡qué caramba!, acaba por aburrir a un buen español

Los corredores iban y venían, se agachaban aquí
y allí y anotaban en su memorándum. Gritaban
"diez a ocho por Elícegui", y más allá otra vez: "diez
a ocho por Elícegui" "¡Van!" Los papelitos corrían
de mano en mano, y los corredores de silla en silla
Sus voces eran el barómetro del partido: primero, a
la par; después, diez a ocho por Azpeitia, treinta a

veinte, hasta treinta a quince; luego otra vez a la par, doce a ocho por Elícegui, treinta a veinte, cuarenta a veinticinco, hasta doble a sencillo; subía, oscilaba, bajaba otra vez. Aquello era un hervidero. A que llegaban a treinta, a que no, a que a cuarenta, a que a cuarenta y dos. Se igualaron a cuatro, a seis, a trece; cogieron ventaja los azpeitianos, les alcanzaron los otros y les pasaron; volvieron a igualarse a treinta entre la sorda baraúnda del pueblo. Competidísimo.

Un señor gordo decía cuando iban pisándose los talones: "Durito, durito es el partido, ¡qué sé yo! Los azpeitianos son el demonio... Ese Mardura es una ardilla, ¡tiene unas piernas! Está, como Dios, en todas partes, pero especialmente donde hace falta... Pues ¿y Baltasar? ¡Vaya una intención que me gasta el mozo! El Chiquito, ¡oh! Azpiri es el rey de la pelota... ¿Y Elícegui? ¡Vaya una potencia, pero qué potencia!" Esta palabreja le cosquilleaba en los oídos y no la soltaba; se la había aprendido en viernes. Cuando Azpeitia tomó ventaja, decía: "¡Bah! Ya se lo llevan de calle; si no puede ser de otro modo... Ya lo decía yo... Por algo les llaman los invencibles. ¡No puede ser!... Ese gandul no sabe más que dar y dar... ¡Ya me esperaba esto!..." Volvieron a igualarse: "¡Hum, hum! Esto va serio... Hoy Elícegui está en vena... ¿Y el Chiquito? ¡Mire usted! Ya les ha caído quehacer a los invencibles... Me parece que..." (meneaba la cabeza) "en fin, ¡tch!, ¡veremos!" Tomó Eibar ventaja, y el gordo: "Ya me lo presumía yo... No puede ser... Si no puede ser... Con una cabeza como la del Chiquito y una potencia como la de Elícegui... ¡Vaya una potencia! Esto era sabido." El tal señor jamás se equivoca, ni juega tampoco, si no es una botella de Rotterdam por aquel a quien le tocase el saque. Y seguía murmurando: "¡Qué potencia!"

La cosa se animaba, se coloreaba y ardía. Al llegar a los treinta, estaba el pueblo magnetizado, bo-

tando en el asiento; tendidos los cuerpos hacia
adelante. Electrizados, como repelidos de sus sitios,
ansiosos, ojos y nervios todo, oían, veían y aspira-
ban la pelota... ¡Oéh! ¡Allá va! ¡Aaa... upa! ¡Zas!
¡Aaah! ¡Pifia! El jugador examinaba la cesta, la en-
corbaba, apoyándola en el suelo, la sacudía en el
brazo ¡tch!, ¡maldita cesta! Baltasar soplaba, hin-
chando los carrillos, al sacar; se limpiaba el sudor
con la manga, escupía, se levantaba los pantalones,
y en cada pelota que se le escapaba, echaba la mano
al trasero, recogiendo una pierna y girando sobre
la otra como un trompo.

Otras veces esperaban con el aliento enfrenado,
clavados los ojos, y al sonar el duro y hueco son de
una cortada irresistible, rompía el pueblo en un es-
tallido, como en los días húmedos las cuerdas tendi-
das y vibrantes del violín. Los eliceguistas armaban
un barullo de mil demonios, eran los más y los más
bullosos, entre ellos, casi todos los muchachos bar-
bilampiños y recién salidos del cascarón. Su entusiasmo pasaba del rojo y llegaba al blanco.

Los jugadores iban, venían, volvían, corrían...
¡Atzeá! ¡Aurrián! Bajaba Mardura jadeante, como
perro tras de la presa, desde el cuadro diez al cuatro o cinco, y al llegar él, ya Baltasar, con una vole-
pistonuda, había atrasado la goma. Se volvía trotando y balanceándose como balandra en regateo,
mientras decía por lo bajo a su compañero, con voz
ahogada: "¡Bien, Pachico!"

De cuando en cuando les llevaban sillas y se les
acercaban los botilleros, hombres graves a lo mejor
a servirles una copita y darles algunos inútiles con-
sejos: a animarles. Y ¡que es honor ser botillero,
digo, consejero. Si prolongaban la sentada, aplausos
de impaciencia.

En delantera de tendido un joven no dejaba de
gritar: "¡Azterá! ¡Aurrerá! ¡Biyetán, biyetán!, ¡jo,
jo, Visente! ¡Gorá, Baltasar! ¡Ori, ori! ¡Utzi!" Es el
único que sabía de vascuence y lo lucía. Otro, la

manos entre las rodillas, arqueando las cejas, seguía a la pelota; y a cada cortada, estiraba el cuello y parecía querer engullírsela con los ojos. Cada pelotazo le espoleaba los nervios, y se reflejaba en los músculos de su cuerpo el rumiar de los tantos y el traqueteo martilleante del corazón, que sacudía toda su carne. Muy bajito, y conteniendo el aliento, repetía: "¡Cortada! ¡Arrima! ¡Así! ¡Dos paredes! ¡Volea! ¡Bien, Mardura! ¡Revés! ¡Bravo, Elícegui!" Era el sibarita de frontón que se reconcentra para paladear los tantos.

¡Qué hermoso el treinta y tres! Fué el *quince* de la tarde, según repitió varias veces el gordo. ¡Soberbio fué, sublime! No lo olvidarán a la primera los buenos aficionados. El Chiquito tomó la pelota y se arrancó, antes de botarla, de cuatro o cinco metros, con una carrerita coreada por gritos de ánimo, rematada en un como trenzado de baile, y sacó uno de aquellos saques cortos, rápidos, en que gime la pelota con grito agudo y se arrastra luego como una lagartija. Pero Mardura la arrancó del suelo, a pulso y punta, y empezó el peloteo. Volea del Chiquito, otra de Baltasar, una terrible de Elícegui, brazos sofocados; Mardura la coge a revés y la atrasa; vuelve a cogerla Vicente, la toma con suavidad, y sin ruido alguno, sin esfuerzo aparente, acariciándola, y la lanza con vigoroso empuje: era como un cosquilleo que pusiera fuera de sí a la pobre, y como si ella, excitada, nerviosa, se arrancara en violentísima carrera. Pero se la devuelven, entregada esta vez... El pueblo no respira, un mugido envuelve al jugador... ¡Al quinto infierno! ¡Hasta el catorce, lo menos!... Algunos se levantan... Parece que la respiración dormita. Mardura llega: mira a la pelota que bota alto, la espera, dobla el cuerpo en arco, atrasa el brazo, contrae lo boca, la coge y va describiendo una curva suave, mientras la sigue un trecho trotando el jugador, y en toda su trayectoria, el público con los ojos. ¿Si llegará? ¿Si no llegará? Vie-

ne a dar como cuatro dedos sobre el escás de falta,
y cae pesadamente a la cancha, mientras se oye el
germinar de un grito inarticulado, que se corta a
ver allí delante, blanda como manteca, a la pobre
pelota. Un brazo vigoroso la coge... Se oyen gritos
de ¡otra! Suena seco y recio entre la piedra, y sale
con brío; Mardura, clavado, la espera con la cesta
en alto: a ella va la pelota, la sacude y la vuelve
Otra más: ¡duro! Baja la cabeza y la sigue trotando
como su sombra, arrastrando la cesta: llegan los
dos: describe él medio arco corriendo a bolina, y la
vuelve. ¡Qué tanto! La toma el Chiquito y corta: le
restan, vuelve, venga pelota, golpe aquí y golpe allí
volea viene y volea va: ¡firme! Baltasar, dos paredes
que son contestadas por otras dos; corre y es reco-
gido en las sillas. ¡Qué tanto!

Llenó entonces el espacio una gritería alegre, una
cascada de voces, de riquísimas notas claras y sor-
das, tropel de bravos, pasta de chillidos escapados
exclamaciones de triunfo y júbilo, ardiente batir
de palmas, como sinfonía de castañuelas, carracas
matracas, zambra de palmadas y más palmadas. Algunos sombreros volaron a las losas: hasta puros
Los cuellos se alargaban, chispeaban los ojos, y aquel
agitar de manos parecía una convulsión epidémica
El grito aflojaba, cedía, como ventarrón en un bosque, se ahogaba en palmadas perezosas y tardías
luego, en un rincón, empezaban de nuevo con más
furia, más sonoras y retumbantes, otras palmas,
tras ellas, volvía a romper el aire el frenético batir
de cientos de manos. ¡Qué tanto aquél! ¡Valía seis
miuras!

Los jugadores descansaban sentados: bebían agua
se enjuagaban la boca con coñac; el Chiquito tosía
Mardura cambiaba de alpargatas; ¡aquellas vueltas
en redondo! Elícegui, sentado, consoladote, tenía pegada la camisa al cuerpo, y se le trasparentaba a
trechos el color rosa pálido de la carne.

Uno, allí, cerca del gordo, estaba ciego, entretenido en tomar notas: "ésta ¿qué ha sido?" "¡Magnífica larga!", le decía su vecino, y apuntaba una ele grande, garbosa, de palo alto y rígido. De cuando en cuando el recuento. Había por allí un eibarrés que no dejaba en paz con su Chiquito: "¡Oh! ¡El Chiquito, Chikiyá!" Le miraba sin quitarle ojo, a ver si reparaba en él. ¡Cuántos saludos perdidos! ¡No miraba!... Al fin, debió de repararle, le devolvió el saludo con una sonrisita y una inclinación de cabeza, y el hombre, esponjándose en su asiento, empezó a contar que en Eibar jugó el Chiquito, por *debajo de la pata*, a dos y etc., etc. Luego, en un descanso narró conmovido los épicos partidos de Durango con *Lisurume* a *marimano*. Decía en cada jugada de Baltasar: "¡Chamba le ha salido!" Siempre las del azpeitiano eran casuales; intencionadísimas las del maestro, como llamaba a su paisano.

Un riojano decía que ¡allá en la Rioja!... Luego, "¿quién es Elicegui?... ¡Ah, sí! ¡El alto! ¡Buen mozo! ¿Quién ha ganado el tanto? ¡Buen voleo tiene, porra!" Oía gritar "¡jo!, ¡jo!" Y "eso ¿qué peineta quié decir?" El joven que sólo sabía vascuence de frontón, le servía de truchimán, y le explicaba que jo, en vascuence, significa que le dé. "Pues, mejor harían hablar en cristiano... ¡qué porra!"

¡Qué dejadita aquella del Chiquito! Esperaba Balsasar a la pelota como gato en acecho, encorvado; el Chiquito la cogió. ¡Aquí te quiero ver! Hasta Flandes, lo menos... Y quedó allí abajo, muerta, casi sin bote. ¡Qué correr y trotar el de Mardura! ¡Qué ir y venir! Como decía uno al gordo, parecía *talmente* un *pinchaagujas*. ¡Qué dos paredes metió Pachico al maestro! "¡Ori, ori!", le decía su compañero. De reveses a aire, más vale no hablar, que se hace agua la boca; ¡colosales! La cesta, a la izquierda, sostenida con ambas manos, ¡vaya con aquel esperar con calma a la pelota, y verla luego lanzar con suave movimiento! No buscaba la chistera a la pelota, sino ésta a aquélla. Durante los tantos, sólo se oían los golpes secos y acompasados del brioso tic-tac del peloteo.

Unos, arrollaban nerviosamente el billete de entrada; otros, le hacían mirar todo a su vecino. "¡Vea usted, vea usted, allá va Elícegui!... ¡Mire usted qué cortada!... ¡Mire cómo corre Mardura!" A cada tanto volvían sus ojos al tanteador, ojos tristes o alegres, la boca plegada o sonriente, fuera de sí mismos. Decía el gordo: "Antes era más *clásico*, se cantaban los tantos; ahora... estos refinamientos modernos... Verdad es que antes, por un puñadito de pesetas, venían a jugar a cualquier mal frontón, y ahora no piden menos que mil reales." Oyó decir a uno que Elícegui castigaba la pelota, y se le quedó un ratito mirando. Luego repetía entre dientes: "¡Castigar, castigar, castigar!" Un obrero, por la facha, de boina azul, alargaba la cabeza, se le hinchaba la vena del cuello, y enderezando la cintura en el asiento, seguía con los ojos a la pelota, mientras acaricia con los dedos en el bolsillo un papel de cincuenta pesetas, de suavísimo y mugriento tacto, delicia de los dedos: el jornal de unos días. Miró al tanteador, frunció las cejas, se puso colorado, y gritó tímidamente: "¡diez a ocho por Azpeitia!" "¡Van!" Entregó el papelillo, una ligera contracción de las comisuras de la boca, bajó los ojos... Su pobre mujer, joven y ajada, sobre una cuna vieja, quería en tanto dar con sus besos calor a los labios de cera de un choquillo enteco y flacucho, que exhalaba vapores de sudor frío mezclado con lágrimas. De esto tienen la culpa los burgueses y la ley férrea del salario.

Desde los treinta y seis tantos, Eibar y Rentería empezaron a cobrar ventaja; Mardura crecía, pero su compañero aflojaba; luego Elícegui estaba piramidal: hecho un héroe, según decía el gordo. Era de ver al Chiquito enderezar el cuerpo hacia delante y largar, con una ligera vueltecilla hacia dentro, una volea. Y ¿quién cogía aquellas cortadas de Elícegui que, sin bote alguno, resbalaban por el suelo como rapidísimas culebras? Mardura se impacientaba; ponía cara lánguida, arqueaba las cejas, apretaba los dientes al devolver cada pelota con bríos, recogiendo el brazo sobre el pecho y dando media vuelta. Aquella tarde mudó tres pares de alpargatas.

Llegó el último tanto. La gente empezaba a salir; cuarenta y uno por cuarenta y nueve; sacaba el Chiquito. Cortó Elícegui y se acabó el partido. Sí, se acabó aquel partido tan esperado, soñado y deseado, se acabó.

El sol se había puesto, y una telaraña de neblina velaba el cielo. El Chiquito fué cogido en brazos, festejado. "¡Pero hombre, esto es una locura! —decía un forastero—. ¡Habráse visto! ¡Ni que fuera Frascuelo!" Unos volvían cabizbajos; prestando felicidad otros. "¡Si no llega a estar tan desgraciado Baltasar en el último tercio!..." "¡Pero si éste es partido robado!..." "¡Bah! ¡cuarenta y un tantos por cincuenta no es diferencia!" "¡Ya se repetirá y veremos!" El que no se consuela es un tonto. "¡Vaya una potencia! ¡Y qué manera de castigar a la pelota!", exclamaba el gordo al pasar a mi lado.

En todo el partido no se vió un solo borracho: a los toros muchos van a merendar; al partido todos a ver. Después quedaban por el camino a echar un trago de chacolí y tomar unas tajaditas de merluza frita.

Poco después se pregonaba en el Arenal: *El Pelotari, El Nuevo Pelotari, La Chistera,* y *Variedades* con la derrota de los azpeitianos. Allí la reseña del partido: lacónica, seca, fría e incolora, como parte de batalla en tiempo de guerra, pero elocuente, como datos de estadística recalentados por la pasión. Andando el tiempo llegará cada jugador de primera a tener su correspondiente organillo.

Volvieron a henchirse de gente los vagones del ferrocarril de Durango; en los pueblos esperaban grupos a los coches para recibir noticias frescas y fidedignas, y los casinos de los pueblecitos se cerraron más tarde aquel día. A Eibar y Rentería, patrias ilustres de los campeones vencedores, habían sido enviadas a tiempo palomas mensajeras.

Los que perdieron, buscaron consuelo, y los dineros ganados se fueron como los del sacristán.

No tuvieron poco que hablar eliceguistas, chiquitistas y marduristas En más de una semana fué comidilla de tertulias, círculos y cafés, el arte del Chiquito, las piernas y la cabeza de Mardura y el brazo de Elícegui. ¡Vaya una potencia!, que decía el gordo. ¡Menuda pelotera, de padre y muy señor mío, la que en los periódicos profesionales, *ecos de los frontones, dedicados a las lides pelotísticas* (esto es de ellos) sostuvieron *Rasa* y *Dejada!* Porque el autorizadísimo *Dejada* largó con aquel su estilo exuberante, ramplón y enfático, lo menos tres artículos de columna y media cada uno, llenos de apóstrofes, invocaciones, metáforas, epifonemas y otras drogas de retórica fiambre, en que probaba que lo que sucedió debió haber sucedido así.

La amodorrada musa del sublime Píndaro, el cantor de los atletas vencedores en los juegos píticos y en los olímpicos, despertó, y al despertar, arrebátose en fuego lírico, y presa de excelso rapto poético entonó, con rimbombante trompa épica, altisonante himno al prepotente Elícegui y al heroico Azpiri, rival de Aquiles, el de los pies veloces.

Los más favorecidos llevaron a su casa, como pan bendito, pelotas del partido con su inscripcioncita conmemorativa, regalo del museo doméstico, reliquia preciosísima. Algunas fueron solemnemente destripadas, con el interés con que se hace la autopsia de un criminal famoso.

Al cabo, todo quedó en calma, hasta otro (4).

En *El Libro* de *El Nervión*, 1893.

LA ROMERÍA DE SAN MARCIAL

A don Pedro María Múgica.

Las romerías se van, me decía mustio un hombre alegre a estilo antiguo. El buen humor, o se muere o descansa para reponerse. Sería tristísimo que tras de tantos males nos acometiera ahora el mal de la seriedad del burro. Por ser demasiado sencillo esto de divertirse a la luz del sol y al aire libre, parece que se busca, como un gastrónomo gastado, platos no saboreados aún, la exquisita complicación de los bailes finos a la luz amarilla y al aire podrido de un salón. Basta de prólogo.

Está Vergara escondida como en un nido entre montañas que le dan sombra y abrigo, y es un pueblo donde corre mansísimo el curso de la vida pública. A eso de las diez de la noche se apagan los faroles, y no se ve un alma por la calle.

Un día al año se turba esta tranquilidad y revienta la caldera, corre un viento de expansión y gozo: este día es el 30 de junio.

Por muchos sitios se sube a San Marcial. ¿Adónde no se va por cien caminos? ¡Cuestión de tiempo! Es San Marcial, una ermita acurrucada en un castañar frondoso, donde se celebra anualmente la más célebre romería de Vergara.

Por la mañana sube la letanía, y en ella los *reyes* de la fiesta, tan orondos y satisfechos. Las reinas iban este año vestidas de canarios, con flamantes chales amarillos, qué supongo serían de Manila, porque yo entiendo poco en estas cosas. Allí arriba hacen chocolate y se lo toman en paz de Dios. Son reyes *paganos,* que no consumen lista civil, los más baratos que conozco.

Hay tenderetes, mesas y bancos para las meriendas y hornillos rústicos al pie de los castaños. Por todo el aire, bajo la fronda del castañar, olor a campo fresco y a guisos suculentos.

Por la tarde es cuando sube más gente, todos en grupos. Sube *gente* y suben *personas.*

Subí yo con otros y quedamos un rato a descansar y recrear la vista contemplando al pueblo desde un altito. Se extiende Vergara a la orilla del río, en el regazo del monte; la Soledad le vigila, y descansa como una pollada alrededor de la gallina, al amparo de sus dos parroquias, que alzan sus torres esbeltas. Al revolver del río, se oculta el pueblo hacia la vieja torre de Gaviria, y allí remata en su fábrica de tejidos pintados, que alza también su chimenea enhiesta, más raquítica que las torres de las parroquias. Por detrás del pueblo costea al monte la nueva línea de hierro de Durango a Zumárraga, que ha sentado su estación donde peor podía asentarla, aunque a cambio ha hecho como que hace un camino de la estación al pueblo, que es todavía peor que el asentamiento de aquélla: una cuesta de matar caballos.

Allí, y entonces, recordé al Vergara famoso en nuestras tristes y legendarias contiendas civiles y célebre por su antiguo Seminario, realmente *seminario,* esto es, semillero de hombres útiles, y por el afamado colegio de señoritas, de donde salen los tradicionales cuadros bordados con su inscripción al pie: "Lo hizo Fulana de Tal en el colegio de la Enseñanza de Vergara el año 18... y tantos." El silencio de este pueblo, que descansa de su ruda labor antigua, no se turba más que con el repiqueteo alegre de sus campanas, o el mormojear del río cuando viene recordando desastres pasados, y de hoy en adelante, con el silbido agudo de la locomotora, que les llevará de Bilbao vida y viruela.

Reposado el pulmón, continuamos la subida, marchando y contemplando la vega de trigo ondeante donde se asienta el camposanto. Hicimos en Ascasua la segunda parada, y de allí bajamos al castañar. Es tan tupido éste, que hasta llegar a él sólo se ve salir del ramaje frondoso columnas de humo y olorcillo excitante de guisado.

Lo primero que al llegar hacen los devotos, es visitar al santo y pedirle una tarde alegre.

Unos meriendan sobre los helechos, otros en mesas aparejadas. Allí nos apiporramos de carne, ave, pescado y cuanto Dios crió, empujándolo con un rico vinillo riojano. Éste me recordaba aquello de la cartilla: P. ¿Para quién hizo Dios el mundo? R. Para el hombre.

Al empezar, se come y calla; al concluir, se parlotea y bebe. El vino rompe la capa que nos forma la miserable lucha por la vida, capa de hipocresía, y se ve a través de él, como a través de cristal limpio, el fondo del alma desnuda; desata los lazos del disimulo; las penas se secan y caen como costra sucia, y reverdece fresca la alegría que Dios amasó en nuestra alma con tristeza. Allí no hay *blancos* ni *negros*, y en breve tregua a la estupidez humana, son todos hermanos que beben del mismo vaso, respiran del mismo aire y se calientan en el mismo sol. A todos los que nos excedimos un poquillo nos dió por el género alegre, y es que aquí es alegre todo, desde el cielo, bordado de nubes, hasta el suelo, recortado de valles y encañadas.

Tuvimos una disertación a cuenta de un castaño, sobre el que me llamó la atención un amigo. Todos los años el hornillo abrasa sus entrañas, y todos corre la savia bajo su corteza y reverdece. La vida nos va así consumiendo; pero todos los años hay **savia de romerías** que nos hace reverdecer.

Debajo de la ermita hay un claro de árboles formando plazoleta, que es donde se bailan los *aurrescus*, a estilo guipuzcoano, a estilo vizcaíno, y a todos los estilos conocidos y por conocer. Éste es el baile del montañés ahíto de vida, la explosión de gozo del hombre libre de nuestros montes. Así como nada conozco más tedioso que una masa inmóvil de hombres, con la boca abierta y cara estúpida, oyendo a un charlatán que aspira a la cucaña, nada más fresco que aquella masa inquieta y viva donde brillan caras y chispean ojos, que brincotea y salta entre polvo, al compás rápido del tamboril y del *chistu*, que lanza notas claras y estridentes, llenas del agrete dulce del chacolí viejo, que estallan como besos de ruido de los que dan las madres a sus hijos.

Al derredor de aquel claro de árboles se agrupan las muchachas, rabiando por que las saquen a bailar y saltándoles *acaso* el corazón cuando la pareja de servidores va a buscar a la preferida. Digo *acaso*, porque como yo nunca he sido muchacha que espera a que la saquen, no lo sé con certeza, y en estas cosas interiores hay que andarse pasito a paso, y no hay si no más que ver hacer el *aurrescu* a Martín Chiqui, verdadero *buztanicara*, que parece que va a llorar y no llora.

Lo digno de atención es el *burdiondo*, institución sagrada. En el carro se recuesta indolente el grasiento y untoso pellejo, que va gordo y boyante y vuelve flaco y exhausto por la sangría, héroe ignorado que vierte su sangre por nuestra alegría, y pide por todo premio que le vuelvan a llenar. Junto al carro se trinca en la tacita de barro barnizado.

Era cosa de ver cómo hacía las honras fúnebres al pellejo el impertérrito molinero Bombolu (Goembolu, según un erudito filólogo vergarés), insigne sangrador de pellejos; taza va, taza viene, y él tieso que tieso, como el portugués del cuento. A él podrán flaquearle las piernas, pero la cabeza, no.

Tacita por aquí, tacita por allí, por estimar, los pellejos enflaquecen y las cabezas flaquean.

El sol caía, y después del último *aurrescu,* emprendimos la retirada con él. Halla cada cual su acomodo; sacan los novios tripa de mal año; algunos se pierden por las veredas; otros cantan; todos beben alegría a borbotones. ¡Ay, vueltas de romería, qué dejillo dulce y raspante dejáis en el interior!

Los *sansos* (así los llaman en Vizcaya), salen vivos de pechos frescos, vuelan por el valle y mueren lánguidos donde nacieron, como pájaro que vuelve a morir al nido.

Abajo, en Santa Marina, se da la primera despedida y se baila a la desesperada, y ya de noche, en la plaza se repite, todos se van alegres con la conciencia de haber cumplido el deber de pública comunión de gozo. Muchos van a digerir con el sueño el buen humor que anda confuso en la cabeza; el pueblo vuelve a su curso tranquilo, y quedan los recuerdos del San Marcial pasado y las esperanzas del San Marcial venidero.

Al hombre archiserio alguna vez le roerá el remordimiento de no haber gozado con el gozo ajeno ni haber dado alegría con la alegría propia.

Lo prometido es deuda, y yo, escritos estos recuerdos, cumplo una promesa más de una vez ratificada. ¡Ojalá los lean con gusto!

En *La Voz de Guipúzcoa*, de San Sebastián, del 20 de julio de 1888.

EN ALCALÁ DE HENARES

CASTILLA Y VIZCAYA

A mi muy querido amigo don Juan José de Lecanda

XLI

Ni aislada roca, ni escarpado monte
del diáfano horizonte
el indeciso término cortaban:
por todas partes se extendía el llano
hasta el confín lejano
en que el cielo y la tierra se abrazaban.

XLII

¡Oh tierra en que nací, noble y sencilla!
¡Oh campos de Castilla
donde corrió mi infancia! ¡Aire sereno!
¡Fecundadora luz! ¡Pobre cultivo!
¡Con qué placer tan vivo
se espaciaba mi vista en vuestro seno!

NÚÑEZ DE ARCE, *Un idilio.*

Egialde, guztietan
toki onak badira,
bañan biyotzak diyo
zoaz Euskalerrirá.

Hay, es cierto, en todas partes buenos
sitios, pero el corazón dice: vete al país
vasco.

IPARRAGUIRRE.

Quiero escribir de Alcalá, en que tan buenos ratos
pasé con usted, mi buen don Juan José, los dos primeros días de noviembre del año pasado y los tres
primeros del mismo mes de este año. Alcalá me ha
llevado a comparar el paisaje castellano a nuestro
paisaje, y de aquí he pasado a discurrir un poco
sobre la falta de arte (sobre todo, pictórico) en las
Provincias Vascongadas. Son tres temas ligados, que
irán en tres articulillos.

I

No olvidaré mis visitas a "la ilustre y anciana y desvalida patria de Cervantes", como la llamó Trueba. En ciudad tan gloriosa, y con usted por guía, hay mucho que sentir y que aprender.

Ciudad, significa para mí poblado triste y lleno de reliquias, empolvadas acaso; villa, cosa de vida y empuje. Me he acostumbrado a personificarlas en Orduña y Bilbao.

Sobre El Escorial adusto se cierne la sombra adusta del gran Felipe; sobre esta ciudad calmosa, la de Cisneros y los arzobispos de Toledo, de quienes fué feudo. Llena está de huellas de la munificencia de los cardenales Cisneros, Carrillo, Borbón, Tenorio.

Alcalá es la continuadora de la vieja Compluto y la viejísima Iplacea. En las faldas del cerro de la Vera Cruz, y reflejándose en las aguas del Henares, se alzaba el Castillo, que esto significa Alcalá en la lengua de los moros. Daciano le puso en el camino de la gloria sacrificando a los santos niños Justo y Pastor, y mucho más tarde Cisneros fundó en ella el Colegio Mayor, rival, con el tiempo, de la vieja Universidad salmantina. A la sombra de este colegio fundaron las órdenes religiosas hasta otros veinticinco. Salieron de ellos, entre otros ingenios insignes, Arias Montano, Figueroa, el divino Vallés, Solís, el admirable P. Flórez, Láinez y Salmerón. Jovellanos, y entre otros trabajos, el famoso Ordenamiento y la prodigiosa Biblia Poliglota. Nosotros, los vascongados, debemos recordar que en Alcalá estudió Iñigo de Loyola. Fué llamada con su título más glorioso la ciudad de los santos y de los sabios.

No voy a hacer historia; quien la quiera de Alcalá, acuda a Palau, a Portilla, a Azaña.

Hoy ha venido a menos la vieja Alcalá de San Justo. La Universidad, vendida con sus anejos por el Estado en 24.000 pesetas, ocupan con su colegio los escolapios; el hermoso palacio de los arzobispos, se convirtió en archivo general central del reino, y allí está, en restauración inacabable, con aquel andamio muerto de risa, que esperan a que se acabe de podrir, para sustituirlo con otro, que también se podrirá. En la Magistral descansan, en magníficas tumbas, los dos cardenales enemigos: Cisneros y Carrillo.

No hay edificio que no lleve sello de arzobispo toledano; en mil rincones se ve el tablero ajedrezado del fraile cardenal. El cordón franciscano ciñe, tallado en piedra, la fachada carcomida de la gloriosa Universidad Complutense. El recuerdo del pasado hace a todo más triste que la realidad presente, y apenas si a los alcalaínos quedan bríos para deplorar la grandeza perdida y salvar sus despojos de la anemia.

En Alcalá es hoy todo tristeza, y si se fuera la guarnición, quedaría desolado el cadáver terroso de la corte de Cisneros. Población hoy seminómada, donde se ve más al vivo que en los grandes centros la vida interior, cuya fisiología ahondó Balzac; población sostenida como puntales por unos pocos labradores ricos y coronada de una masa flotante de vegetación humana, masa que oculta más de un drama, masa compuesta de unos que van con el trajecito bien cepillado a aliviar su ruina, viviendo barato y encerrándose en casita; de otros que, huyendo de los conocidos, van con misterio a ocultar acaso una vergüenza, y con misterio se ausentan, y de muchos más que acuden a comer del presupuesto.

A los frailes y estudiantes han sustituído empleados y militares; los conventos sirven de cuarteles, y algo de vida da al pueblo la vida sin alegría de los presidios. Los pobres soldados vagan por los soportales de la calle Mayor, los oficiales ociosos carambolean en el casino o enamoran para matar el tiempo, los alcalaínos se distraen en coleccionar fierro viejo, muebles viejos, barrotes viejos, cuadros

viejos, en leer y componer poesía vieja, en cosas
incomprensibles, o poco menos, en nuestro país.

Alcalá recuerda a Cervantes que, como la inscripción de su casa nativa dice, *pertenece por su nombre y por su ingenio al mundo civilizado, y por su
cuna, a Alcalá de Henares*. En esta inscripción, clá-
sicamente discreta, está pintado un pueblo. Cervantes recuerda a Don Quijote y Don Quijote a los ardientes, escuetos y dilatados campos de Castilla, tan
ardientes, escuetos y dilatados como el espíritu qui-
jotesco. Vamos al campo.

No se ve a Alcalá, como a nuestros pueblos, reco-
gidita en el regazo de montes verdes, bajo un cielo
pardo, sino tendida al sol en el campo infinito, dibu-
jando en el azul las siluetas de las torres de sus conventos. Rojiza, tostada por el sol y el aire, pegada
al suelo, circuída por paredes bajas de adobe. Ro-
dean a su campo, como ancho anfiteatro, los barran-
cos de la sierra, en que se alzan pelados el cerro del
Viso, el de la Vera Cruz, el Malvecino, la meseta del
Ecce-Homo. Lame los pies de los cerros, separando
la Campiña de la Alcarria, el Henares de frondosas
riberas festoneadas de álamos negros y álamos
blancos.

A un lado del Henares, la sierra, y la Campiña al
otro. No las montañas en forma de borona, verdes y
frescas, de castaños y nogales, donde salpican al
elecho las flores amarillas de la argoma y las rojas
el brezo. Colinas recortadas que muestran las capas
del terreno, resquebrajadas de sed, cubiertas de verde suave, de pobres yerbas, donde sólo levantan cabeza el cardo rudo y la retama olorosa y desnuda,
la pobre *ginestra contenta dei deserti* que cantó el
pobre Leopardi en su último canto.

Al otro lado la tierra rojiza, a lo lejos el festón de
árboles de la carretera, amarillos ahora; en el confín,
las tierras azuladas que tocan al cielo, las que al
recibir al sol que se recuesta en ellas, se cubren de
colores calientes, de un rubor vigoroso.

¡Ancha es Castilla! ¡Y qué hermosa la tristeza enorme de sus soledades, la tristeza llena de sol, de aire, de cielo!

Todo ello parece un mar petrificado, y como un navío lejano en el fondo, se pierde la iglesia de Meco, célebre por la bula del conde de la Tendilla.

Por estos campos secos no vienen aldeanos, que aquí no los hay; vienen lugareños de color de tierra, encaramados en la cabalgadura, y carromatos tirados por cinco mulas en fila. No se oye el chirrido arrastrado de las ruedas del carro, sino algún cantar ahogado y chillón.

La vista se dilata por el horizonte lejano, y el paisaje infunde melancolía tranquila. ¡Será de contemplarlo en los días ardientes de julio, sentados en las orillas del Henares, a la sombra de un álamo!

Nada más parecido a esto, a juzgar por descripciones, que aquellas estepas asiáticas donde el alma atormentada de Leopardi pone al pastor errante que interroga a la luna.

Vi, hace ya tiempo, un cuadro, cuyo recuerdo me despierta estos campos. Era en el cuadro un campo escueto, seco y caliente, un cielo profundo y claro. Inmensa muchedumbre de moros llenaba un largo espacio, todos de rodillas, con la espingarda en el suelo, hundidas las cabezas entre las manos y apoyadas éstas en el suelo.

Al frente un caudillo, tostado, de pie, con los brazos tendidos al azul infinito y la vista perdida en él parecía exclamar: "¡Sólo Dios es Dios!" Aquellos campos lo mismo podían ser los de Arabia que los de Castilla.

Vi otro cuadro, en el cual se extendía muerto e inmenso páramo castellano a la luz muerta del crepúsculo; en primer término, quebraba la imponente monotonía un cardo, y en el fondo, las siluetas de Don Quijote y su escudero Sancho.

En estos dos cuadros veo yo a Castilla; sus horizontes dilatados me recuerdan el "¡Sólo Dios e

Dios!" y los horizontes dilatados del espíritu de Don
Quijote, horizonte cálidos, yermos, sin verdura.

El cielo es azul, todo lo demás terroso.

Un lugareño, parece a las veces rey destronado.
Si los franceses entendieran por español habitante
de la meseta central de España, no les faltaría razón
al atribuirnos una gravedad entre estoica y teatral.
Este carácter es el complemento del suelo, suelo que
ha producido estos cuerpos en los que el espíritu se
moldea.

Es corriente entre las gentes, tanto de aquí como
de allí (allí es nuestro país), aborrecer este paisaje
y admirar el nuestro; hallar esto horrible y aquello
atractivo. Con afirmar que este paisaje tiene sus
bellezas como el nuestro las suyas, basta para que le
tengan a uno por raro: dudan mucho, ya que no de
la sinceridad, de la salud de sentimiento estético de
quien asegure que esto le gusta más que aquello; y
si quien esto asegura es como usted, mi buen amigo,
un hijo de nuestro país, el asombro es grande, juz-
gan muchos encontrarse con un caso patológico, con
una disparatada aberración del gusto.

¡Gustar más que de aquella verdura perenne, de
estos campos descarnados, que, como decía Adolfo
de Aguirre, secan el alma más jugosa! (El jugo, muchas veces, no pasa de humedad endémica.) Este
gusto es para muchos inconcebible.

Yo concibo, mejor o peor, todos los gustos y opi-
niones y hallo fundamento en todos, aun en los más
disparatados; pero aunque no comprendiera la preferencia de usted, aunque no participara algo, y
acaso algos, de sus sentimientos, me bastaría que
usted, cuyo buen gusto es para mí indiscutible como
hecho, me bastaría, digo, que usted, siendo hijo de
nuestras montañas, prefiera esta sequedad severa a
aquella frescura, para que buscara la razón de tal
gusto.

¿Es esto más hermoso que nuestro país? ¿Tiene
preferencia de usted fundamento estético?

II

Y no sé si será indiscreción sacar a luz pública
ideas vertidas en conversaciones privadas, al calor
tibio de la intimidad. Creo que no, y de.todos modos,
esperando, si lo es, perdón de usted, las publico.

Yo le hablaba a usted de nuestros montes, y usted
a mí de estos horizontes vastos que se pierden a la
vista, de estos tonos de fuego que arranca el sol a
ponerse en los campos quijotescos. También hemos
comparado esto a la campiña romana.

Recuerda usted a aquel pintor que atraído por la
fama de los encantos de nuestro país, fué a él con
todos los chismes de pintar y sufrió un cruel des-
engaño al ver dibujarse por todas partes la misma
silueta de montañas, de un verde agrio, monótono
e ingrato. "Si Amboto, o el Pico de Aralar, o las Peñas de San Fausto se levantaban erguidos como s
levanta un buitre con su desnudo cuello sobre la
eminencias del terreno, faltaban términos para com
poner el cuadro, y sobre todo, luz, esa luz que l
presta vida, relieve, animación, encanto."

Es esto, comparado con aquello, me decía usted
como la música de Wagner es a la italiana; ésta s
pega pronto, pero también empacha pronto y se des
pega pronto. Nuestro país, añadía usted, es más *bo
nito*, pero es menos grave, menos hermoso; aquello
nuestros paisajes parecen nacimientos de cartón
con casitas blancas, con arbolitos redondos y verde
con arroyos de cristal.

En Castilla el espíritu se desase del suelo y s
levanta, se siente un más allá y el alma sube a otr
alturas a contemplar sobre estos horizontes inac
bables y secos una bóveda azul y transparente, i
móvil y serena.

Comprendo esta afición. El sueño y la muerte ti
nen su poesía, a la que prefiero la poesía de la vigil
y la vida.

Comprendo en su carácter la afición que a esto le ata. Comprendo que estos campos hayan producido almas enamoradas del ideal, secas y cálidas, desasidas del suelo o ambiciosas, místicos como Santa Teresa y San Juan de la Cruz, espíritus inmensos como el de Don Quijote y el Segismundo calderoniano, conquistadores que van a sujetar las tierras que se extienden más allá de donde se pone el sol. Sólo Dios es Dios, la vida es sueño y que el sol no se ponga en mis dominios.

Almas sedientas de ideal ultraterreno, desasidas de esta vida triste, llenas de la sequedad de este suelo y del calor de este cielo, ansiosas de justicia pura como el sol, de gloria inatacable. Estos campos despegan del suelo y empapan en luz, hacen amar la calma y llevan fácilmente las blanduras del quietismo.

Nada me extraña el desencanto del pintor. Acostumbrado a los tonos vivos, su ojo no descubría en la aparente monotonía de nuestros montes la infinita variedad de matices tibios, lo mismo que estos espíritus, aficionados a los dramas fuertes y los heroicos romances históricos, a sucesos de bulto, no ven la dulce y tiena poesía de la vida cotidiana, la profundidad de Juan Vulgar, la poesía amarga de la vida de almacén.

Yo soy menos grave, menos melancólico que usted, y prefiero mis encañadas frescas, mis paisajes de nacimiento de cartón, el cielo de nubes, los días grises, todo lo que acompañado de tamboril y chistu, después de merendar bien y beber buen chacolí, da una alegría agria. Yo prefiero el placer de subir montes por gastar fuerza, para sudar la humedad endémica; yo prefiero ver bajar el sol, velado por el humo de las fábricas, y acostarse tras los picos de Castrejana. ¿Que hay poco horizonte? Mejor. Así está todo más abrigado, más recogidito, más cerca.

En Alcalá la gente no se pasea apenas; no hay baile, ni tamboril, ni charanga los domingos, ni fre-

cuentes romerías como Dios manda. Las calles soli-
tarias, caldeadas, las casas bajas y terrosas que no
dan sombra, sin tiendas ni bullicio. Esto es bueno
para recogerse y meditar; pero para dejarse vivir,
ver gente, distraerse, gozar con sentir desfilar mil
sensaciones vulgares, dejar volar el tiempo, nuestro
país. ¿Dónde están aquí las vueltas de romería,
oyendo *sansos*, a la caída de la tarde?

Mi corazón es, por fortuna o por desgracia, de
carne, y prefiere a esta austera poesía el lirismo
ramplón de nuestras montañas.

Estos campos inspiraron a Cervantes, aquí se com-
prende el espíritu más recóndito de esa epopeya
tristísima que hacía llorar al humorista Heine, poema en que la realidad y la vida aparecen tan peque-
ñas, y la locura y la muerte tan grandes. Aquí concibo al gimnosofista absorto en la contemplación
de la punta de su nariz, o, lo que es lo mismo, al
metafísico con su mente perdida en la enmarañada
esencia del ser abstractísimo. Pero aquí no vive el
hombre enamorado del santo suelo, que en la actividad busca remedio al reuma del espíritu, que apor-
ta cada día una pajita a su nido, que goza con la
vida de mañana.

Este campo y este cielo me abruman, y me parece que me arrancan de mí mismo; me entran ganas
de exclamar con Michelet: ¡mi yo, que me devuelvan
mi yo!

Nosotros hemos nacido para la lucha, no para
abismarnos en las profundidades recónditas de un
sentimiento quintaesenciado.

El vascongado gusta del movimiento, la agitación
y el cambio, del baile y del juego de azar. Yo no
comprendo la apatía de esta gente: ¿quién sabe si
al fin de todo nos hallaremos con que éstos dormi-
tan en el vacío y nosotros sonambulizamos en él?

Esto es algo grande, severo, pero es algo que
como las *sublimidades* de la ontología, me deja re-

tintín de palabras y un dejo a cosas impalpables y etéreas que sirven para consolar de la vida a los perezosos.

Yo nada encuentro como mis montes que me cobijan, mis valles que en una mirada se acarician, los caseríos blancos, los árboles hojosos, y pensar en mañana viendo sobre el humo de las chimeneas el penacho de humo de las fábricas.

Aquí está el hombre que piensa en pasado mañana, que peregrina por la tierra recordando las glorias de sus abuelos y esperando el día en que de este suelo seco vuele a ese cielo tan puro; allí el que sin recordar glorias que no existen hace su nido y lo calienta, para que al cerrar sus ojos a la luz continúen sus hijos, sobre la tierra en que él reposa, la obra inacabable.

Éstos ya pasaron, nosotros aún no hemos llegado. ¡Cuando lleguemos!... ¡Cuando lleguemos al concierto universal!

¡Qué quiere usted! Yo veo poesía en los aldeanos que meriendan y juegan al mus; en los obreros llenos de hollín, al resplandor rojo de la vena líquida, cuando sangran a un alto horno; en el ir y venir de los corredores; hasta en el indiano que, satisfecho de haber trabajado como un negro, se va al Arenal, se sienta a la sombra y *está estando*.

Usted, mi buen amigo, tiene ya trazada la carrera de su vida y puesto su fin; yo gusto mucho de la tierra, donde quisiera vivir mucho y donde se encuentran las pajitas para el nido.

Aquí daría fin a estas notas deshilvanadas si no quedara el rabo por desollar, y no creyera yo que el rabo y remate puede servir de cabeza para otro cuerpo.

Me refiero al arte. Aquí hay artistas; en las Provincias Vascongadas no digo que no los haya, pero aún no han hallado su camino. Nuestro país es pobre en arte, no sirve negarlo. Descarte usted nuestra música, ¿y qué nos queda? ¿Dónde están nuestros poetas, dónde nuestros pintores? ¿Tiene de esto la culpa el suelo, como usted parece suponer? ¿La tiene la raza? Por no alargar este segundo artículo, dejo esto para el tercero y último.

III

Usted no ve en nuestro país mucho más que las chimeneas de las fábricas, las calderas de vapor, las líneas paralelas del ferrocarril, los tinglados de hierro y los depósitos de carbón de piedra. Aun esto tiene su poesía, una poesía más honda de lo que se cree.

Usted gustaba en Ávila del "sabroso néctar de los grandes recuerdos que tomaban ser y se volvían como tangibles en cada casa, en cada esquina, en cada uno de los objetos que le rodeaban".

Notaba usted en las Provincias Vascongadas "la carencia absoluta de sentimiento artístico, de gusto estético, de ese *quid divinum* en que moja su pluma el poeta del mediodía y que arranca con sus pinceles el pintor para dar forma a sus grandes concepciones".

Usted observa que en nuestro país "ni el arte ni la naturaleza se atavían con los ropajes clásicos de la belleza".

Usted se fija en que a los vascongados "el cielo les negó luz esplendente, ambiente perfumado por olorosas flores, calor de vida que exalta la mente y enciende los ánimos y enardece las pasiones, y por eso las bellas artes y las buenas letras no hallan entre ellos aventajados secuaces, ni decididos protectores".

Muy bien usted hasta aquí. Ahora, aunque no tan bien, entro yo.

Cierto es que en nuestro país apenas hay grandes recuerdos; pero ¿quién tiene la culpa de que poetas

y pintores vayan a buscar una dudosa inspiración
que no hallan en una historia pobre de puro tranquila, y, sobre todo, nada legendaria? ¿Quien tiene
la culpa de que canten o pinten a Aitor, a Lecobide, a Jaun Zuría, a don Lope o a don Pedro, o a
cualquier otro personaje, fabuloso o histórico que
no está encarnado ni en el recuerdo ni en el espíritu
del pueblo? ¿Por qué no acuden a la guerra de los
siete años? ¿Por qué no se dejan de esos señores
y acuden a Zumalacárregui, por ejemplo?

Yo no sé que se pueda afirmar que en el país
vasco hay *absoluta* carencia de sentimiento artístico: esto es muy duro. No sé que pueda afirmarse
eso, porque poetas y pintores que se inspiran de
fuera no hayan aún hallado el guía, el vidente, el
que les muestre su camino.

Espere usted, espere a que llegue un certamen
cualquiera, blanco, negro, rojo o incoloro, y verá
usted cómo surgen poetas y pintores en cuanto se
diga: un objeto de arte a quien cante la batalla de
tal en quintillas que no lleguen a 29 y pasen de 27,
y otro a quien pinte a don Fulano de Tal en el momento de hacer tal cosa, un cuadro de metro de
alto por metro y medio de largo. *Nota.* Tanto el
poema como el cuadro han de estar en armonía
(sin h) con nuestra salvadora doctrina y con *las
tradiciones venerandas de nuestros mayores* (porque
si no, no hay arte, ni cosa que lo valga).

En nuestro país, dice usted, "ni el arte ni la naturaleza se atavían con los ropajes clásicos de la
belleza". ¿Qué es lo clásico? Usted, como yo, conoce
en Bilbao muchos que llaman *clásicos* al tamboril y
a la merlucita frita, y, en cierto modo, no les falta
razón; no serán clásicos de Grecia o Roma, pero lo
son de Vizcaya.

Paso por lo que usted dice; la culpa es de poetas
y pintores, que se empeñan en ataviar al arte con
ese ropaje clásico, como si no hubiera otro.

El cielo nos negó luz esplendente, es verdad; esa luz que dibuja, como Ribera, sombras fuertes en claros vivos: pero la luz suave de nuestro cielo es más rica en matices, en tintas, dibuja mejor los contornos, lo mismo que hay al anochecer muchos más matices que a la luz del mediodía. No tiene la culpa nuestra luz, ¡pobrecilla!, de que pintores educados en Madrid o en Roma se empeñen en dar a nuestros paisajes luz de Castilla o de la campiña romana, como no tienen la culpa nuestras aldeanas de que en algunos cuadros parezcan italianas disfrazadas. Usted ha visto como yo ese horror que llaman cabezas de estudio, esas cabezas en que se sacia el furor de sombrear por sombrear.

Si pintan vascongados no harán lo que hizo Hunt con los judíos, no estudiarán el tipo, sino que cogerán uno, el que más se acerque al canon clásico de la belleza, el que más les agrade, y ¡allá va! Pero al demonio se le ocurre poner como modelo a Hunt, a un pintor inglés, concienzudo ¡horror! que estudia, que aviva y depura el sentimiento con las ideas sin esperar al salvador ataque de nervios.

No sabe usted bien cuánto celebro que me proporcione usted ocasión de decir ciertas cosas.

¿Por qué se salieron nuestros poetas de la sencillez ruda de Iparraguirre, de las donosas bromas del pueblo, y se fueron a un romanticismo que riñe con nuestro espíritu? ¿Por qué gastaron su ingenio en leyendas vascongadas, en leyendas vascocántabras, en fábulas de los vascos en el siglo VIII? La culpa tiene quien inventó a Aitor (que fué Chabo, *lo inventó*), y quien nos plagó de esas patrañas infladas y que tanto disuenan en una tierra bendita, sin monumentos, sin archivos, sin historia vieja.

En vez de buscar la poesía, como la buscó Trueba, en el pueblo que les rodea, se fueron por más fácil a una historia que ni existe ni es popular. Nuestras glorias están más en el futuro que en el pasado. Aún no hemos despertado del todo a la vida del arte, a la vida del espíritu. Acaso venga la explosión, como sucedió en los Países Bajos, de la plenitud del florecimiento material.

El *dilettantismo* de buen tono de los jóvenes bien educados nos pierde. Pasear por las alturas de Archanda, echar un *taco* de chacolí, es ordinario. Unos a otros se prestan en el Arenal la última novela de Pereda, la comentan, gustan de la montaña de Santander, alindada por un artista, y no ven ni sienten sino por fuera la suya. Leen a Selgas y van a las Arenas. Las Arenas, ¡horror!, más vale no hablar de las Arenas.

Falta en nuestro país el calor que viene de fuera, pero tenemos el calor que viene de dentro, del estómago repleto. ¡Uf!, dirá usted, ¡qué poco poético es esto! Va en gustos. Una buena mesa, el calor de la sangre, que luego se convierte en agilidad y alegría, la poesía de la vida, la satisfacción de vivir.

¡Oh Rabelais, Rabelais! No se escandalice nadie, lo digo en el sentido más puro, más limpio: ¡oh la poesía de la carne! De ella brota nuestra actividad, nuestro hábito de trabajo. Hay un ideal puesto fuera de la vida, hay otro puesto en ella; unos buscan una felicidad infinita fuera del mundo; nosotros, sin renunciar a ésta, buscamos en el mundo la felicidad, recogiendo sus granitos esparcidos entre penas y sin renunciar a otra más perdurable.

¡Mi país, mi país verde, húmedo, graso, pletórico de sangre, linfático! Me parece estar viendo los cuadritos de Teniers.

Cuando veo los cuadritos de la escuela holandesa me acuerdo de mi tierra. Aquellos interiores, con olor a humo y vaho de cerveza, en que unos hombres coloradotes, grasos, satisfechos, beben a jarra, recuerdan nuestros chacolíes, nuestras sidrerías. Y ¿hay nada más parecido a nuestras romerías que las de Teniers? Romería vascongada hay en cuadro que parece una del maestro holandés.

El mus en las tabernas, las ferias de ganado, las partidas de bolo, las romerías, las verdaderas romerías, con sus culadas, sus *zirris*, con su vuelta, sus brincos y saltos a la caída de la tarde, el cielo rojo, las mejillas rojas, las boinas rojas, todo rojo, rojo como la sangre y como el vino, y el fondo verde, verde, agrio.

Nosotros tenemos el calor de dentro, no el de fuera. A los jóvenes artistas llenos de luz del Mediodía o de neurosis del Norte, establecidos allí, que dibujan bien y pintan bien, prefiero, aunque dibuje peor y pinte peor, algún pintor viejo que sienta nuestro país. Yo sé de más de un cuadro, sobre todo uno, de cuya factura nada diré, pero cuyo tono, cuyo espíritu es el nuestro: son dos aldeanos en una taberna.

El buen instinto de Trueba no le engañaba. El arte no es sólo la factura, eso es más bien oficio: el arte es la intuición del medio en que se vive, saber qué se pinta, dónde se pinta y para qué y quiénes se pinta. Las vírgenes larguiruchas, de color de lirio, pintadas con los colores del alba, de Fray Angélico; los sublimes mamarrachos del Ghirlandaio o del Giotto son más verdaderos, más reales en su idealidad que la verdad mentirosa de las vírgenes de Morelli.

Dicen que hay en el país vasco pintores jóvenes de grandes esperanzas. Si acertaran con el género aún se podría esperar algo. Fuera van a prepararse; el verdadero estudio debe empezar en su país; fuera han aprendido el oficio, el arte lo aprenderán dentro; la ciencia no tiene patria, pero el arte sí.

Yo prefiero un *maestro* mediano a un discípulo aventajadísimo. Los jóvenes traen la cabeza llena de las lecciones de los maestros de fuera, de los que les enseñaron a *hacer;* no han hallado aún al maestro de dentro, el que les enseñe *lo que hay que hacer.*

En Castilla, aquí son aficionados a dramones; nosotros a la jocosa comedia, al buen humor de sobre-

mesa. En Castilla pintan historia, con mucha sangre, ceños fruncidos, sombras fuertes, claros vivos.
¿Por qué nuestros pintores no pintan la poesía de
la vida al día, la dulzura algo triste del vegetar
azaroso, la agitación del trabajo, el hogar lleno de
humo donde chillan las castañas?

Fuera de algunos artistas, el arte vascongado no
ha brotado aún. ¿Brotará?

En la clase culta de ahí se ha estancado la savia
del *jebo*, esa savia que es la única que hará brotar
el arte; es una clase que apenas tiene nada de típico.
El arte vendrá cuando bajo la costra de cultura
bulla y estalle la sangre de nuestros tatarabuelos;
hay que ver la vida y la naturaleza en *jebo*, como
ellos la ven en sus filosofías de sobremerienda, como
ve el paisaje el pobre casero cuando, descansando
junto a la laya, se limpia el sudor con el pañuelo
de hierbas.

La rudeza tosca de Iparraguirre, la ligera gracia
de Vilinch, el donaire del platero de Durango, gus-
tarán siempre más que esas soporíferas leyendas,
muy buenas sin duda, muy bien hechas, pero que
no cuadran a nuestro carácter.

Hay que dejar a Aitor, a Lelo, a Lecobide, a Jaun
Zuría, a las maitagarris, a los arroyuelos mansos,
a las tragedias románticas, a la sátira culta de con-
ceptuosidades y juegos de vocablos, y hay que buscar la poesía del sudor, la del humo de las fábricas,
la del vaho de las tabernas y chacolíes, la vida del
caracol de las siete calles, el drama oscuro que provocó la quiebra de Osuna, la emigración a América,
las aventuras del minero, la rudeza de la guerra
civil, la epopeya de Zumalacárregui, de Cabrera y
de Espartero, la poesía del fanatismo político y la
de las grotescas conversaciones de sobremesa (6).

En Alcalá de Henares y en Madrid, mes de noviembre
de 1889. Hoja literaria de *El Noticiero Bilbaíno,* lunes, 18 de
noviembre de 1889.

SARTAS SIN CUERDA

En Bilbao, a cualquier sitio que se vaya o de cualquier sitio que se venga, siempre daremos en el Arenal, su clave, y no de sol; el Arenal por arriba, el Arenal por abajo y el Arenal por todas partes. Un Arenal que no es tal arenal, con una alameda en que no hay un álamo... refinamientos de dicción. Dicen que así se hacen las mitologías, ¡bueno!... y ¿cómo se deshacen?

Era muy entrado el otoño. Los árboles estaban tan pelados que daba frío verlos; a través de ellos un cielo de mármol veteado y las montañas azules envueltas en bruma; llovía humedad.

Correteaba calles y la circulación de la villa me llevó al Arenal: así le llaman. Una acera más ancha que otras; y se acabó. Entran y salen unos y otros, todos de prisa.

¡Pobre forastero que al entrar en Bilbao y ver correr a todo el mundo, los tomase por gente de negocios! Ilusión óptica; lo más, lo más hipótesis profiláctica (más vale prevenir que curar): ¡higiene pura! Oye, forastero, ¿crees que van todos al negocio? ¿Por qué?, ¿por qué corren? Eso es moda, se pasea corriendo, ¿sabes?, hacer que hacemos.

Pregúntale a cualquier chico de escritorio ¿qué significa *Times is money*? y sacarás en limpio que se debe tratar de que sobre tiempo para inventar en qué emplearlo. Esto del tiempo y su empleo es lo del bollo y el chocolate del fraile, a quien siempre sobraba o bollo para el chocolate o chocolate para el bollo.

Salir de casa a trotar calles... ¡delicioso!

Allí en el Bulevar, corredores, negociantes, indianos de hilo negro y de hilo blanco; en días de partido de pelota, jugadores y aficionados, mejor dicho, jugados y jugadores, y todos los días, vagos que se encuentran porque se citan y otros que no se citan porque se encuentran.

Allí se cierran negocios, apuestas inclusive, y si se dan alguna vez de palos lindamente dos caballeros, es seguro que irán a molerse las costillas al Bulevar... Un negocio como otro cualquiera. Los *chineles* aparecen a la hora de apaciguado todo. ¡Qué vergüenza para Bilbao tener unos *chineles* como los guardias de seguridad de cualquier parte! No haberles *detectivizado* un poco.

Lo más hermoso de Bilbao está en frente del Bulevard, es decir, lo más hermoso..., lo más decorativo. El mejor pedazo de cielo de que gozamos desde el *bocho,* el puente más ancho, la estación, tras los pelados árboles, las arboladuras peladas de los buques y allí delante, la fila de hermosos castaños y el tilo... ojo, ¡al tilo le dejo a un lado, merece turno aparte! Por hoy, *guarda e pasa.*

El puente es hermoso. El primitivo era de abrir y cerrar, con dos planchas levadizas y sus torreones. Esto no lo he visto yo más que en un cuadro viejo en que figura junto al puente una moza lavando sus trapos en la ría, recogidas las sayas entre rodillas y con las pantorrillas al aire.

Al tal puente le hacía la competencia un barquero, que llevaba en su *chanela* por un ochavo, cuando el paso del puente costaba un cuarto.

¿Y San Nicolás? Vaya una cara sin lavar, llena de arrugas. ¡Vaya una cabezota y vaya unos cuernos!

Por las calles que desembocan al Bulevar, arterias de la villa, vienen y van corredores y correteadores como abejas que en estío entran y salen en la colmena. Van y vienen, hacer que hacemos.

Siempre, al pasar, las mismas cosas.

—¿A cómo?

—Veintitrés.

—¿Las cubas?

—¿Me toma usted?

—¿Qué tal está?

—Ahora ya está mejor. Este invierno pasó un reuma que...

—No, no quiero decir eso, qué tal está de intereses...

—¡Ah!

—¡Ah! Algún forastero; qué entendederas. ¡Dios mío! ¿Qué tal está? Al demonio se le ocurre dudar del sentido de la pregunta, ¿qué tal está? pues... de cuartos...

—Murió anoche a la una...

—¡Mal negocio!

¡Mal negocio! Hasta el morir llaman aquí negocio... ¿Al morir? Y al ir al cielo, el gran negocio de nuestra salvación.

De esto del negocio ya hablaremos.

Se acerca uno a otro y dándole una palmadita en el hombro:

—¿Tiene usted interior?

—Y a usted qué le importa...

—¡Ah!, dispense usted, que le había confundido con otro...

¡Plancha! ¿Por qué llamarán plancha a tomarle a uno por quien no es?

¡Cuánto impermeable! Esos que los llevan, si que deben tener interior.

—... Pues el chiquito...

—... Bueno, le debo a usted 521 pesetas y...

—... Este año tampoco nos viene *Lagartijo*, la verdad es que...

—... ¡Espere usted!

—Qué buen chacolí este año ande Trabuco...

—Dicen que le pone cuernos...

—... Los fueros ya no vuelven aunque se empeñe...

—... ¿Hace falta Burdeos?

—... Una buena casa, seis mil de renta...

—... Tres mil quinientas toneladas a...

—...¡Así es el mundo!

Yo ya estaba en la Ribera.

. . . .

Me voy cansado, y si ustedes no de mi charla, seguiré otro día. De seguro que esta sarta de instantáneas no les hace pensar; bueno será si les hace dormir, que es un negocio como otro cualquiera.

Moraleja: No hay interiores; el exterior es impermeable, y las cosas son lo que parecen: retazos sueltos sin sentido.

Aprovechando el buen humor continuaré.

En *El Nervión*, de Bilbao, del 26 de marzo de 1891.

Cuando quiero representarme lo poético de cualquiera solemnidad, de cajón en nuestro Bilbao, cierro los ojos al presente, me recojo en mí mismo, y a fuerza de sugestión procuro evocar en mi ánimo los días de mi niñez, hoceando en las ruinas de mis recuerdos. Entonces era todo ello nuevo para mí, siempre nuevo; entonces toda impresión venía humeante y chorreando vida.

¡Cómo me acuerdo de las procesiones de Semana Santa! Las demás eran a su lado procesioncillas de tres al cuarto, procesiones de día, a toda luz.

Pero las de Semana Santa eran de noche: ¡cosa más solemne y pavorosa! Se cenaba antes que de costumbre para cada cual saborear a sus anchas la procesión sin el torcedor del gusanillo.

Lo primero, a coger sitio al balcón de una casa amiga, allí, delante de todos, entre las piernas de los mayores y agarrados a las rejas. Esto nosotros; los chicos de la escuela de balde, como, o no tenían amigos de balcón o no querían ir a ellos, en la calle, encaramados en alguna reja de cantón.

Ya llegan. ¡Venían con solemne y temeroso estrépito, ¡tras, tras, tras!, surgiendo de la oscura calle, unos hombres vestidos de negro, con dominós o cosa así, golpeando a compás el suelo con sus palitroques. Eran los que llevaban los *bultos*. Delante de ellos iba, también de negro, otro hombre, andando hacia atrás como el cabo de gastadores: éste, ¡plum!, pegaba un martillazo y paraban los de los *bultos*. Entonces salía de debajo de cada uno de éstos un mu-

hacho con su bota de vino, y trincaban todos los
ortadores para cobrar fuerzas con que llevar su
ruz por estas calles de Dios. Los *bultos,* ¡corcho!,
os bultos, ¡ya pesarían, ya!

A los chicos finos sus mamás les enseñaban a de-
ir pasos, y no bultos... ¡Los títeres!

Los más famosos personajes de los bultos eran,
es de creer que siguen siendo, Anachu, con una
ano hacia atrás y haciendo burla al Señor con la
tra ante sus narices, y Fracagorri, el de los calzo-
es rojos.

Venía luego el Señor rezando en el huerto de las
livas, y allí iba representado un árbol de verdad,
o en chancitas.

A falta de olivo, se le simulaba tal cual con un
aurel, del que colgaban naranjas, cosa de grandí-
imo efecto, ¡aivá! nada menos que un árbol de verdad. Los chiquillos, hijos, sobrinos o allegados de
os que llevaban los bultos, conseguían ser llevados
n ellos; aquéllos, para cuidar los faroles del huer-
o de las olivas, y nosotros, los chiquillos de los co-
egios, los farolines, desde nuestros balcones envi-
diábamos a los faroleros. Tenía sus encantos el ser
chico de la escuela, de los que se escapaban a nadar
n los Caños.

En el huerto iban durmiendo los apóstoles, unas
ropas pegadas a una cabeza.

Venía la Cena, y ante aquella imaginería se avi-
vaban en nosotros las relaciones de la Pasión, de
aquella Pasión que con tan hondo sentimiento oía-
mos leer en en misa. ¡Para nosotros sí que era misterio!

Venían en Viernes Santo los *elementos,* cuatro
caballeros de negro, de tiros largos, más serios que
un corcho, arrastrando por los suelos cuatro banderas negras... ¡Así, así! No se ve todos los días a los
caballeros arrastrar banderas por los suelos.

Venían luego los fariseos, que ni eran tales fariseos ni los representaban, ni cosa que lo valga, unos

que hacían de soldados romanos, con mucha arma
dura y casco.

Detrás, el Ayuntamiento, música luego, y luego,
corriendo, corriendo a más correr, a otra calle,
ver otra vez los *bultos* llevados por los de los do
minós negros, los elementos por los suelos y arras
trados por caballeros y fariseos. Eso los chiquillo
de la escuela; que a nosotros, los de los Colegios
nos llevaban a casa cuando ya no podíamos sostene
abiertos los párpados.

Una sola vez en estos últimos años he presencia
do aquí, en Bilbao, la dichosa procesión. Parece im
posible que sea la misma.

Nos paseábamos unos amigos, de los que lo so
mos desde entonces, por la Plaza Vieja, chicoleand
a cualquiera que pasase, entre apretones, hpbland
de siete mil cosas a cual menos adecuada al día
oyendo comentar a alguno el valor artístico de un
cabeza de San Pedro, de la que decían ¡por supues
to! que se la quiso llevar un inglés a cualquie
precio.

Pero la procesión, ¡ay! la procesión ésta, ya n
es aquélla desde que yo no soy aquél.

¡Quién pudiera para presenciar solemnidades d
estas y en días así, repletos de por sí de poesía
quién pudiera aniñarse de espíritu y recibir en e
alma virgen y abierta a todo viento, la impresión
de la imaginería de los *bultos*, fresca y chorrean
do vida!

En *El Nervión*, de Bilbao, del 2 de marzo de 1891.

Super flumina Babylonis.

De la más pura sangre de Aitor había nacido Lope de Zabalarestieta Giocoerrotaeche Arana y Aguirre, sin gota de sangre de moros, ni de judíos, ni de godos, ni de maquetos. Apoyaba su orgullo en esta nobleza tan casual y tan barata.

Lope, aunque lo ocultó y hasta negó, durante mucho tiempo, nació, creció y vivió en Bilbao, y hablaba bilbaíno porque no sabía otra cosa.

Ya al cumplir sus dieciséis años, le ahogaba Bilbao e iba a buscar en el barrio de Asúa al viejo euscalduna de patriarcales costumbres. ¿Bilbao? ¡Uf! ¡Comercio y bacalao!

Como no comprendían al pobre Lope sus convillanos, le llamaban *chiflado*.

En cuanto podía, se escapaba a Santo Domingo de Archanda a leer la descripción que hizo Rousseau de los Alpes, teniendo a la vista Lope las peñas desnudas de Mañaria, que cierran el valle que arranca en Echébarri, valle de mosaicos verdes, bordados por el río.

Una mañana hermosa de Pascua, a la hora de la procesión, se enamoró de una carucha viva, y al saber que la muchachuela se llamaba Rufina de Garaitaonandía Bengoacelaya Uría y Aguirregoicoa, saltó su corazón de gozo porque su elegida era, como él, de la más pura sangre de Aitor, sin gota de sangre de judíos, ni de moros, ni de godos, ni de maquetos. Bendijo a Jaungoicoa y juró que sus hijos serían de tan pura sangre como él. Y de no-

che soñó que se desposaba con la *maitagarri*, liber
tada de las terribles garras del *basojaun*.

A la vuelta de un viaje que hizo a Burgos, se fu
a Iturrigorri a abrazar a los árboles de su tierra

A las romerías iba con alegría religiosa. Odiab
esas en que mozas de mantillas bailan polcas y val
ses, y buscaba esas otras escondidas en rincones d
nuestros valles.

Cuando veía a algún viejo de pipa de barro, viej
chambergo con el ala recogida por detrás, greña
blancas, *capusay* y *mantarras*, quedaba en éxtasi,
pensando en el viejo Aitor.

Una pena oculta amargaba su alma. Ni él ni Ru
fina sabían una palabra de vascuence. ¿Por qué d
niño no le llevaron a criar a un caserío de Cena
rruza?

Mil veces proyectaron aprender el misterioso eus
quera, él y su íntimo Joaquín G. Ibarra, es decir
Joaquín González Ibarra, Puigblanch y Carballido.
El cual Joaquín era tan exaltado como Lope, pero el
pobre llevaba avergonzado sus apellidos. ¿Cuándo
recibirían en su mente, como maná de Jaungoicoa,
el verbo santo preñado de dulces reconditeces?
¡Pero... es tan difícil! ¡Deja tan poco tiempo el es
critorio! Luego, tenía que aprender inglés para el
comercio.

Si no sabía eusquera, ¿en qué le conocerían? De
cidió, ya que no podía hablar la lengua de Aitor,
para darse a conocer, chapurrar el castellano, ese
pobre *erdera*, ese romance de ayer mañana, nacido
como un gusano del cadáver corrupto del latín, len
gua de los maquetos de allende el Ebro. Y decidida
mente empezó a estropear la lengua de su cuna,
aquella en que le acarició su madre y en que rezaba
a Dios.

Los veranos iban un mes a Villaro. Allí tomaba
leche en los caseríos, admiraba las sencillas costum
bres de los hospitalarios euscaldunas, y al irse les
dejaba una propinilla.

Una noche de luna llena, subió a Lamíndano a soñar. El cielo estaba nublado.

Se presentó Aitor de pie junto al Cantábrico alborotado; la barba le caía como la cascada de Ujola, vestía extraño traje y miraba a la cuna del sol, de donde vino trayendo el misterioso verbo, fresco y grave, preñado de hondos arcanos, verbo que manaba de los labios del aitona como rocío del espíritu. Aitor fué disipándose como neblina del mar.

Brilló luego sobre el valle, blanca y redonda, la luz de los muertos (*il - arguia*) y a su lado las estrellas parecían punzadas del techo del mundo, por donde filtra la luz de Jaungoicoa. Peñas oscuras cerraban el valle, pálido a la luz de los muertos, los árboles extendían en él largas y recortadas sombras, las aguas corrían con rumor eterno, y en sus cristales danzaba, hecha pedazos, la luna reflejada. Los perros le ladraban, croaban las ranas en los remansos de las aguas, y dormía todo sobre la tierra, menos los nobles euscaldunas. Vestidos de pieles crudas se reunían a la puerta de sus caseríos de madera y bailaban solemne danza, símbolo de la revolución de la luna en torno de la tierra. Lope, allí, en medio de ellos, les miraba enternecido. Presidían los ancianos, las viejas hilaban su mortaja.

Se adelantó el *koplari* y le ofrecieron pan de bellotas, lo probó y comenzó el canto. Acompañábase del atabal mientras entonaba en la lengua misteriosa himnos alados a Jaungoicoa, que encendió la luz de los vivos y la de los muertos y que trajo a los euscaldunas de la patria del sol.

Lope, que no entendía despierto el pobre eusquera que hoy se usa, entendía aquel eusquera puro y suave.

La música parecía el rumor del viento en los bosques seculares de la Euscaria, sin mancha de wagnerismo ni armoniquerías que infestan hoy los zortzicos.

Cantaba el *koplari* al sublime Aitor que vino d
la tierra del sol, de la Iberia oriental donde pos
el arca; cantaba a Lelo, el que mató a Zara; canta
ba a Lecobide, señor de Bizcaya, el que ajustó pa
con Octavio, señor del mundo.

Callaba el *koplari*, brillaba redonda y blanda l
luz de los muertos, y adoraban los euscaldunas a
santo Lauburu, a la cruz, en que había de mori
el Cristo siglos más tarde, mientras Lope se per
signaba y rezaba el Padrenuestro.

Se disiparon los adoradores del Lauburu y Lop
se vió en la cima del sagrario Irnio, entre euscal
dunas crucificados que cantaban himnos belicoso
y morían por haber defendido los fueros contra lo
romanos.

Vió pasar a los romanos, togados como estatua
de piedra; a los cartagineses, de abigarrados traje
a los godos, de larga cabellera; a los requemado
moros, y a todos, estrellarse contra las montaña
vascas a las que venían a buscar riquezas, como la
olas del Cantábrico contra el espinazo de Machi
chaco.

Vió a Jaun Zuría venir de la verde Erín, le vi
derrotar en Padura al desdichado Ordoño, y vió l
sangre de los leones trasformar los pedruscos d
Padura en la roja mena de hierro del actual Arri
gorriaga, esto es, pedregal rojo.

Vió luego el *echeco-jauna* de Altobiscar asomars
a la puerta de su caserío y oyó ladrar a su perro.

Vió venir las huestes de Carloman, vió a los eus
caldunas aguzar sus azconas en la peña, los oyó
contar los enemigos, cuyas lanzas refulgían, vió ro
dar los peñascos de Altobiscar e Ibañeta, oyó la
trompa de Roldán moribundo y vió escapar a Car
loman con su capa roja y su pluma negra.

Luego asistió a las guerras de bandería, y desde
el torreón de una cuadrada casa-torre oyó el crujir
de las ballestas, la vocinglería de los banderizos, vió
las llamas del incendio, y disolverse todo al sonido

grave de la campana de la anteiglesia que reñía a los ladrones nobles y llamaba a los plebeyos como una gallina a sus polluelos.

En seguida la larga y callada lucha a papeladas con los reyes de España, que refunfuñaban antes de soltar privilegios.

Y tras esto, la elegía triste, la sangre de Abel, enrojeciendo el cielo, la nube roja que viene del Pirineo preñada de los derechos del hombre que, en violento chaparrón, amagaban ahogar los fueros.

Aparecieron boinas y morriones...

Entonces Lope volvió en sí, y pensando en la última chacolinada, dejó aquel campo.

Aprendió a conocer su patria en Araquistain, Goizueta, Manteli, Villoslada y otros. Leyó a Ossian y allí fué ella. Al volver a Iturrigorri, ya oscuro, miraba a los lados, y al verse solo, exclamaba en voz baja:

"Pálida estrella de la noche, ¿qué ves en la llanura?"; y como callaba la estrella, él mismo se contestaba: "Veo a Lelo que persigue a Zara..."

¡Qué enorme tristeza le daba ver desde las cimas a la serpiente negra, que silbando y vomitando humo arrastraba sus anillos por las faldas de las montañas y las atravesaba por negros agujeros, trayendo a Euscaria la corrupción de allende el Ebro! Entonces suspiraba por la muralla de la China.

¿Qué nos han dado esos maquetos? —pensaba—. ¿No adorábamos la cruz antes que ellos nos trajeran el cristianismo? ¿No teníamos una lengua filosófica antes que ellos nos trajeran con su corrupto *erdera* la flor de la civilización romana? ¿No hizo Dios las montañas para separar los pueblos?

Y al sentir el ronquido de la serpiente negra, exclamaba:

"Huye, huye, rey Carlomagno, con tu capa roja y tu pluma negra", y bajaba triste, apoyándose en su maquilla.

El sueño de su vida era el santo roble. No quería
morir sin haberle visitado una vez cuando menos
El árbol santo es el complemento de la cruz qu
asoma entre sus ramas en el escudo de Bizcaya.

Llegó el día de la visita. Iba Lope en el imperia
del coche cantando el himno de Iparraguirre y har
tando sus ojos de paisaje. Subió a Aunzagana a pie
apoyado en la maquilla. Entraron en la garganta
de Oca, donde se despeña el arroyo entre fronda
Luego se abrió ante ellos la dilatada vega de Guer
nica, henchida de aire marino, y vió a lo lejos la
iglesia de Luno, como centinela sobre el valle.

El aire corría por el valle acariciando los maiza
les verdes, el cielo se tendía sin una arruga, las
peñas de Acharre cerraban el horizonte y la ermita
de San Miguel parecía un pájaro gigantesco posado
en la puntiaguda cima del Ereñozar.

Allí abajo, oculta tras los árboles, reposaba Guer
nica, Guernica la de las Juntas.

Cuando se apearon del coche Lope y Joaquín, es
taban medio locos. Sin cepillarse el polvo, pregun-
taron por el árbol, y un chiquillo les mostró el camino. Entraron en el santo recinto, vieron mudo el
anfiteatro donde batallaron las pasiones, muda la
Concepción guardada por espingarda, mudos los señores de Bizcaya.

Llegaron frente al árbol y se descubrieron. Y ni
una lágrima, ni una palpitación más, ni un impulso
del corazón; era para desesperarse, estaban allí fríos.
Miraron bien al pobre viejo, viéronle remondado de
mortero, miraron al joven que se alza recto divi-
dido en tres ramas, y se sentaron en los asientos
de piedra del pabellón juradero. En el convento próximo tocaban las monjas.

Vino también un aldeano. Pasaba por primera vez
por Guernica y no quería irse sin ver el árbol de la
canción: le miró y remiró, preguntó tres o cuatro
veces si era aquél y se fué diciendo:

—¿Cer ote du barruan? Es decir: ¿qué tendrá
lentro?

Entonces les contaron a Lope y Joaquín la llega-
la del último Koblakari, no se sabe si de la región
le los espíritus.

Una noche de plenilunio apareció junto al árbol
l último Koblakari. Era un mocetón robusto; las
iegras greñas le caían hasta la espalda, algo car-
;ada; llevaba boina roja, faja roja y un elástico rojo
:on bellotas doradas por botones. Se apoyaba en
in bastón de hierro y llevaba una guitarra. El Ko-
ılakari misterioso llegó, se arrodilló, abrazó y besó
il árbol y lloró. Entonó himnos que subían al cielo
:omo incienso, cantó el himno divino del ante-
iltimo Koblakari y cantó luego la degeneración de la
ioble raza vascongada, ¡y la cantó en castellano!

Pero el pueblo no le conoció, hizo befa de él. Ca-
ıizbajo, sumido en honda tristeza, bajó a Guernica,
lió de noche en la sociedad una sesión de guitarra
/ rifó un pañuelito de seda.

Lope y Joaquín se retiraron a la fonda silencio-
ios, y, después de haber calentado el estómago con
inas humeantes chuletas y un vivificante vinillo de
illende el Ebro, sintieron que una inmensa ternura
es invadía el corazón, se resquebrajó el hielo que
es hubo coartado frente al roble santo y el re-
:uerdo de la visita les llenó de dulce tristeza que
icabó en sueño.

Los dos, de vuelta de la santa peregrinación, in-
;resaron en una patriótica sociedad que se fundó
:n Bilbao, a la que iban a jugar al dominó.

Más tarde, en época de elecciones, hizo Lope de
ınuñidor electoral. Cuando llegaban éstas el santo
uego le inflamaba, evocaba a Aitor, a Lecobide, a
os héroes del Irnio y se despepitaba para sacar
.riunfante con apoyo del primero que llegara a ser
:andidato unido a un blanco, negro, rojo o azul, y
ıquí paz y después gloria.

¡Viejos euscaldunas que os congregabais en los batzarres y cantabais a Jaungoicoa a la luz de los muertos! ¡Vosotros que conservabais la medula fecunda del misterioso verbo euscárico! ¡Nobles Koblakaris de la Euscaria! Levantaos de la región de los espíritus, todos, desde el primero al último, el de los botones bellotas, levantaos! ¡Descolgad de los añosos robles los mudos atabales y entonad elegías dolorosas a esta raza que descendió del Irnio a los comicios, a esta raza indómita ante las oleadas de los pueblos, domada por el salitre del bacalao y la herrumbre del hierro!

Mientras ellos pelean a papeletazos por un cargo público, llorad, nobles euscaldunas, a la sombra del roble santo (9).

En *El Nervión*, de Bilbao, del 14 de setiembre de 1891.

DEL ÁRBOL DE LA LIBERTAD AL PALACIO DE LA LIBERTAD O SEA EL CUARTITO DEL VINO

A los socios fundadores de "El Sitio".

Cuando la comisión directiva de la Sociedad "El Sitio" solicitó mi concurso para la velada del último 1 de mayo, dudé si leer este trabajo que hoy publico u otro que con el título de *Chimbos y chimberos* leí al cabo, y que pienso también sacar a luz en seguida en estas mismas columnas.

El 2 de mayo de 1872 hizo don Carlos su primera entrada en España, y a los pocos días tuvo lugar su salida de Oroquieta, antes de los ocho que contaba necesitar para que sus caballos bebieran de las aguas del Ebro.

Dos años después, el 2 de mayo de 1874, entraron en Bilbao las tropas libertadoras. Para celebrar esta liberación se fundó "El Sitio", que prospera entre el odio de sus enemigos, mantiene el fuego de la idea liberal y guarda en la paz los recuerdos de la guerra.

Pasados los días agridulces de la tragicomedia del asedio, los bilbaínos sentían hambre y sed de noticias.

En el antiguo Arenal de nuestra villa, al aire libre y en derredor de un árbol, se reunían algunos de los más animosos, ya para las ocho de la mañana. De aquel mentidero salieron miles de *trolas* que dieron más de una vuelta a la villa.

Cuando las nuevas eran buenas, se iluminaba aquel árbol de la libertad. De allí salió alguna vez viva protesta contra embarques para el enemigo.

Iba allá el gordo, recogiendo su barriga, despué
de haber husmeado de tienda en tienda y consul
tado a las criadas, a desembuchar su saco de no
ticias.

Tantos eran los del árbol, que los dos bancos qu
allí, a su pie, había, no los cogían, y no faltó quie
propuso hacer uno redondo y corrido en cuanto
ellos, los del mentidero, llegaran al Concejo.

Era el lugar pequeño y desabrido, y era tambié
pequeña la taberna del cuartillete, en Ascao, dond
algunos compraban el pellejo y lo administraban
turno.

Dejaron el árbol de la libertad, pusieron taberna
a un maletero y sobre la taberna echó raíces la
reunión.

Faltaba sólo el nombre, y recordando los días de
la pasada angustia, el pobre Jaufred la bautizó
"El Sitio".

Así nació "El Sitio", concebido a la sombra de
un árbol.

Sus fundadores no eran muchos y se alistaron
empezando como número 1 por el más alto de
ellos.

Los tiempos primitivos tienen un exquisito encanto, y encantadores fueron aquellos primeros y
heroicos días de la sociedad.

Las mesas eran de pino y con hule; se alumbra-
ban con toscas luces. Daba uno una patada en el
suelo:

—¿Qué quiere?

—¡Eh, Paloma, un vaso de vino!

—¿Con mansana o sin mansana?

—Paloma: dos cuartos de castañas.

Una de las mayores orgías era un *charripuchero;*
¡tan sobrios y morigerados eran!

El arte en los albores de la Sociedad "El Sitio",
que hoy lo alienta, dormitaba en las cuerdas de
una guitarra y se simbolizaba en una cabeza de
toro.

Cumpliéndose el natural progreso, a las patadas ustituyó un tubo acústico.

Por todo lujo había allí un armarito con los nai->es y los candeleros eclesiásticos que se sacaban al >alcón al celebrar buenas nuevas. Al verlos, decía >l pueblo:

—Alguna notisia buena ha venido... ¡"El Sitio" >a sacao los candeleros!

Hermosa es la peregrinación de "El Sitio" por la >illa: sus emigraciones de *ande Cachorro* a Barrera, >e Barrera al Salón, del Salón a Doña María Mu->oz, de allí a los Jardines y de aquí al palacio que >cupa; del árbol al palacio de la libertad.

En sus emigraciones lleva siempre un *sancta sanc->orum,* como sello de su origen y emblema de su >ersonalidad.

Se alzaban los hogares de los romanos sobre la >ierra en que descansaban las cenizas de sus padres, > cuando tenían que abandonarlos, cogían un pu->iado de aquella tierra sagrada y lo echaban allí >londe se alzara su nuevo hogar, como símbolo de >a perpetuidad de los lares y de la familia en la >erpetua mudanza de los hombres. Así "El Sitio" >leva consigo el cuartito del vino, símbolo de la per->petuidad de su vida en la incesante entrada y salida >le sus socios.

Caminaban los israelitas por el desierto a la tie->ra de promisión. Levantaban aquí y allí sus tiendas, >campaban bajo el inmenso cielo y continuaban sin >lejar huella en la tierra que dejaban. Y, entre ellos, >levaban los levitas el Arca de la Alianza, guarda->lora de las Leyes de Moisés, que habría de custo->liarse un día en el templo suntuoso que en la tierra >le promisión alzarían al Dios vencedor de los ejér->citos. Así "El Sitio" ha llevado en sus emigraciones >por la villa el cuartito del vino, arca de su alianza >con la idea liberal, hasta establecerlo en su nuevo >palacio y cerca del cielo.

Bien quisiera yo sentir la santa indignación de los profetas, para conminar a los que, olvidando sus orígenes, han profanado el arca de la Sociedad.

En ella se rendía culto al génesis del Sitio y a la idea liberal. En ella se consumía el vinillo vivificante que alentó a los espíritus de los fundadores en los días de lucha angustiosa; allí se guardaban, como tablas de la Ley, el cuadro de la bomba, el retrato del brigadier, hojas del árbol de Guernica. Al penetrar en aquel recinto, subía al espíritu un tufillo cargado de reminiscencias de los tiempos viejos.

Rara vez entraba yo en el cuartito del vino, pero no olvido cómo estaba en la casa anterior, en la de la esquina de los Jardines, a la que tomé cariño.

Tengo bien pintado aquel cuartito lleno de humo, con sus pipas de barro colocadas en fila, y en las que se fumaba aquel tabaco, comprado a escote para fumarlo allí, mientras se espaciaban los espíritus.

Esto era en la otra casa, a cuyo recuerdo llevo aparejado el de aquel grupo de tras del piano, donde se discutía, bajo la batuta del imponderable Chomín Barullo, si era de trampa o de raja el pantalón de los toreros, y se dilucidaban las diferencias que hay entre *chaluja* y *chanela* o *cuyo* y *el cual*.

¡Pensar lo que ha sufrido el cogollito de la Sociedad, el arca de sus tradiciones! Hondas perturbaciones provocó la formidable invasión de los tresillistas en él.

El espíritu laico y el prurito de novedad han amenguado en el viejo cuartito su hondo y primitivo sentido. Le han quitado las reliquias, le han despojado de aquel santoral que adornaba sus paredes: Gambetta, Sadi Carnot, Víctor Hugo, a cuya efigie pusieron gasa de duelo cuando él murió...

De fuera vendrá quien de casa te echará, dice el refrán. Yo lo recuerdo cuando oigo a los nuevos socios positivistas, faltos del sentido del ideal, tachar al arca de las tradiciones de pecado original de la Sociedad.

Y, aun cuando así fuera, glorioso pecado el original que ha permitido al hombre probar del fruto de la ciencia, y ha provocado su redención, de la inocencia primitiva, primero; del pecado mismo, después.

Al pie de un árbol se fundó "El Sitio" en los días de lucha y antes que tuviera nombre. Ha amasado en su vida, aunque corta, sus tradiciones, y hoy vemos a éstas arrolladas por el espíritu del progreso, que ni a los progresistas perdona; el piano ha arrojado a la guitarra, para renovación de cuyas cuerdas había consignación; el palacio, al árbol; el salón, al cuarto del vino, refugiado allí arriba, bajo el mismo cielo gris que cubría al árbol de la libertad.

Dentro de la Sociedad, como en todas partes, hay su tradición y su progreso, fuerzas primordiales de cuyo juego resulta la vida, según enseñó, al cabo de mucho meditar, el profundo Pero Grullo.

El mismo 1 de mayo, en que la Sociedad "El Sitio" celebra el triunfo del liberalismo sobre el tradicionalismo, la muchedumbre que suda, clama, no lejos de Bilbao, contra nuestro liberalismo tradicional.

Hoy, 1 de mayo, miro en derredor, hacia atrás, hacia adentro y hacia adelante; me detengo en esta Sociedad potente que, como todo lo vivo, nació de humilde ósculo, ante ese cuartito que se lleva las tradiciones del Sitio, ante esta fiesta de aquí dentro y esa fiesta de ahí fuera. Aquí, nosotros, recordamos los ecos de los pasados días de combate, y oímos ahí afuera el preludio de los venideros.

> "De esas trincheras, bajad, bajad,
> carcas, cobardes, nuestros fuertes atacad..."

cantamos nosotros, mientras por fuera se pasea el estandarte de los tres ochos: 8 horas de trabajo, 8 horas de estudio, 8 horas de descanso.

Considerando que, como este artículo, así también aquello, lo otro, lo de más allá y todo, se irá en humo, concluyo con las palabras con que se despidió de la vida el regocijo del mentidero del árbol de la libertad:

> "Colorín, colorao,
> este cuento se ha acabao."

En *El Nervión*, de Bilbao, de 21 de diciembre de 1891.

I

Dejaron el escritorio el sábado, al anochecer; como llovía un poco, se refugiaron en la Plaza Nueva, donde dieron la mar de vueltas, comentando el estado del tiempo próximo futuro. Al separarse, dijo Michel a Pachi:

—Mañana, a las seis, en el *simontorio*, ¿eh?

—¿En el *sementerio?* ¡Bueno!

—¡Sin falta!

El otro dió una cabezada, como quien quiere decir sí, y se fué:

—Reconcho, ¡qué noche!

Enfiló al cielo la vista: así, así. Soplaba noroeste, ¡maldito viento gallego! El cielo gris destilaba *sirimiri,* con aire aburrido; pasaban nubarrones, también como aburridos; pero... ¡quia!, las golondrinas iban muy altas... Se frotó las manos, diciéndose:

—Esto no vale nada.

Subió de dos en dos las escaleras, y a la criada, que le abrió, la dijo:

—¡Nicanora, mañana ya sabes!

—¿Pa las cinco?

A eso de las diez, se levantó de la mesa, fué al balcón, miró al cielo y al fraile y se acostó. ¡El demonio dormía!

Revoloteaba por la alcoba un moscardón, zumbando a más y mejor. Michel sintió tentaciones de levantarse, apostarse en un rincón y, cuando pasara, ¡pum!, descerrajarle un tiro a quemarropa... A las seis en el cementerio de Santiago. Había que levantarse, lavarse, vestirse, revisar la escopeta, ya limpia; tomar chocolate, oír misa de cinco y media en Santiago. ¡Pues no son pocas cosas! Lo menos había que levantarse a las cinco... No; mejor a las cuatro y media. Estuvo por levantarse e ir a dar la nueva orden al cuarto de la criada: sacó un brazo, sintió el fresco y se arrepintió; dió media vuelta y cerró los ojos con furia, empezando a contar uno, dos, tres, etc... ¡Maldito moscón, qué perdigonada se le podía meter en el cuerpo! ¡Qué mosconada bajo la parra!

El moscón empezó a crecer, hasta llegar tamaño como el chimbo; acudieron otros más, y se llenó el cuarto de moscones chimbos. Él se acurrucó en un rinconcito, bajo una parra, y tiro va, tiro viene, a cada tiro derribaba un moscón chimbo, que caía desplomado en la cama, convertida en gran cazuela, y donde al punto quedaba frito... Luego pasaron volando merluzas, lenguas, sarbos, chipirones... Oyó que uno de sus compañeros gritaba a lo lejos:

—¡Las dos y nublado!

Luego, la misma voz más lejos, mucho más lejos. En seguida... cayó él mismo en la cazuela, y se despertó en la cama. Oyó despierto las tres, volvió a dormirse y volvió a despertar: ¡arriba! Fué al balcón en calzoncillos... Empezaba a clarear... Algunas nubes... Todo ello era la bruma de la mañana, porque el fraile tenía medio descubierta la calva; abrió un poco el balcón y sacó la mano... Se lavó y vistió el traje viejo, botas de correas y bufanda; sacó la burjaca, y salió del cuarto.

¡Nicanora en la cama! Estaba acostumbrada a esperar que el señorito se levantara antes de la hora de llamada.

Pachi llamó a su puerta:

—¡El chocolate, mujer de Dios!

Al rato salió Nicanora diciendo, como diría un cómico:

—¿Dónde estoy?

—¡En todavía!...

Mi hombre se abrasó el paladar con el chocolate, se echó al hombro la vieja escopeta de pistón y a la calle.

Su madre le gritaba desde el cuarto:

—Luego con cuidao... ¿eh?

Empezó a recorrer, como alma en pena, las calles desiertas, hasta que dieron las cinco y media. Vió algunos perros, al churrero melancólico y a los serenos que se retiraban. En la puerta de San Juan, algunas viejas acurrucaditas esperaban a Lucas.

Llegó al *simontorio,* y al toque de las cinco y media, entró en la iglesia, fría como bodega, llena de criadas y hombres de boina.

Poco antes de alzar, entró Michel.

—¡Esta misa no te sirve!

—¡Otro día oiré el pedazo que me falta!

Michel llevaba su escopeta cargada con apretado perdigón mostacilla, y un perrito chimbero, color castaño, lanudo, de hocico fino, por nombre Napoleón.

Estos chimberos dormilones son de la decadencia. En la edad de oro, el hoy rústico chimbero se componía de un perrillo como el de Michel, una escopeta de pistón y un chimbo, debajo de un alto sombrero de paja ahumado, forrado con una levita de pana, con polainas de paño y cargado de burjaca, cartuchero, capuzonero, polvorinero colgante de un cordón verde, mil cachivaches más y su zurroncillo con la gallofa de pan y merluza frita ú otra golosina así. De misa de cuatro y media, *ande* Rosendo, a embaularse café con su copita de chilibrán.

Hacía tiempo que estaba cantando su alegre ¡nip, nip! el chindor, de collar anaranjado, el amante del sol, que le saluda cuando, al romper el día, deja sus sábanas de bruma, y le da las buenas noches cuando se acuesta entre purpurinas nubes. Eran las seis y cuarto.

¡Qué agradable es recorrer la villa cuando ilumina el sol los tejados y escapa de él el fresco por las calles! Era setiembre, mes de los chimbos.

—¡Mira, mira, cuánta *eperdicara!*

Eran las fregonas, con su delantal blanco y su mantilla negra, que salían en bandadas y se dispersaban escoltadas. Algunas venían de oír misa por el campo. ¡Judías! En el Arenal era todo un paseo.

—¡Adiós, salada!

—¡Adiós, salerosa!

No podían, ¡ay!, detenerse; el chimbo les esperaba cantando en su higuera himnos al sol recién nacido.

Cruzaron con un *chinel,* y empezaron a trepar como *garrapos* por la estrada del Tívoli. Cruzaban, a ratos, con aldeanas, que llevaban sobre la cabeza la cesta, cubierta con el trapo blanco, y, sobre éste, la cestita de la vendeja.

—¿No sabes tú algo de vascuence?...

—¡Sí, vascuence de Artecalle!...

—Diles algo, échales una flor...

—¡Eh, su... nesca... gurusu... gurusu!...

—No soy nesca; nescas en Bilbao Vieja tienes...

—¡Te ha chafao! ¿No sabes que hay que llamarlas *nescatillas?*

Michel quedó corrido y juró, en su corazón, vengarse del descalabro. Llegaron sudando a la cima de la cordillera.

Entonces pasaba un aldeano.

—Anda, Pachi, pregúntale por dónde se baja a Izarza...

—¿No sabes o qué?...

—Pregúntale, ¡verás qué chirene!

Tomó el inocentón las más suaves inflexiones de su voz para decirle:

—Diga usted, buen hombre, ¿hará el favor de decirme por dónde se baja a Izarza?

El aldeano se encogió de hombros, sonrió y siguió su camino, sin contestar palabra.

—¿Ves, ves, cómo no te las arreglas con el jebo?...
Mira, aquí viene otro... ¡Eh, tú, di por dónde peineta se va a Izarza!

—¡Por aquí señor! —contestó, señalando el camino.

Y Michel, volviéndose a Pachi:

—¿Ves, hombre, ves?... Aldeano de los alrededores de Bilbao, jebo sivilisao... Tiene más... más...
más qué sé yo que un gorrión.

Y el hombre aligeró el paso, con la satisfacción
de la venganza. Había tomado la revancha por lo
de las *nescas*. ¡Cuántas vueltas y revueltas tiene el
laberinto del corazón humano!

Entraban en tierra aldeana. Michel había calum-
niado al *jebo sivilisao,* como él decía, al aldeano ur-
banizado. Cierto es que, como gato escaldado, huye
del agua fría; pero si ve blanca, se apacigua y entra
en razón.

Se detuvieron en una de las casas de la cima a
echar una espuelita de aguardiente balarrasa. Corría un fresco de mil demonios.

Pachi, con las manos en los bolsillos, lagrimean-
do los ojos *pistojillos* y colgando el *dindirri* de la
nariz, tapadas boca y orejas por la bufanda, miraba
a lo que tenía delante por entre la tenue neblina
de su propio aliento. De vez en cuando, por no sacar
las manos, sorbía...

Bilbao, ensartado en el Nervión, se acurrucaba
en aquella hondonada, cubierto en el edredón de la
niebla, humeando a trechos y ocultándose, en parte,
tras el recodo del camposanto. La luz de la mañana
hacía brillar el verde de los campos de Albia, tendidos al pie de Arráiz. Apoyándose sobre las pardas
peñas de San Roque, contemplaba a la villa el pela-
do Pasagarri, y, sobre sus anchas espaldas, asomaba la cresta Ganecogorta el gigante. Parecían tías
que contemplaban al recién nacido sobrino, Arráiz,
Arnótegui con los brazos abiertos, y Santa Ángela,
de famosa romería.

A Pachi la ternura patria le hacía bailotear los
ojillos... ¡Aquello era su Bilbao, su *bochito*, lo mejor
del mundo, el nido de los chimbos, la tacita de
plata, el pueblo más trabajador y más alegre!

El Nervión ría y no río, ¡ojo!, culebreaba a todo
lo largo de la vega de Olaveaga; más lejos, parecía
a ratos bosque de jarcia; luego, las altas chimeneas
de El Desierto, cuyo humo se mezclaba a los pesados
nubarrones que venían de hacia las recortadas minas
de vena roja. Se abría la ría, no río, ¡ojo!, en el abra;
Serantes el puntiagudo, reproducido en el Montaño,
se miraba en el mar; allí las Arenas, como nacimiento
de cartón, y volviendo a la derecha —Pachi se volvió— el valle de Asúa, la inmensa calma de la aldea,
Chorierri, tierra de pájaros, la tierra de promisión,
el campo de los chimbos y los chimberos. En él, Son-
dica, Lujua, Erandio, Zamudio y Derio, cinco pueblecitos como cinco polladas, con sus cinco iglesias como
cinco gallinas, picoteando en su valle de verdura
eterna.

El fresco o la emoción humedecían los ojos a
Pachi:

—Suisa, hombre, Suisa...

—¿Dónde has visto tú Suisa, arlote?

¡Por los santos, hombre, por los santos!...

Pero qué, ¿no piensas casar, ni comer?

A esta palabra mágica, se volvió enternecido y sor-
biendo los mocos. Empezaron a buscar aventuras.
Bajaban por una calzada llena de baches y pedruscos, verdadero calvario.

Salían a la puerta de los caseríos los mastines a la-
drarles, como desesperados, cuando no acababan por
olfatear a Napoleón bajo el rabo. Michel se impacientaba; tenía tanta ojeriza al perro aldeano como a su
amo; les tiraba piedras.

—¡Para quieto, hombre! Aquí llevo unos curruscus
de gallofa y algunos de fote, verás. ¿Ves? ¿Ves?

—Sí, fíate. A mí una vez me echó uno un ta-
risco...

—¡Quia! Porque eres un memelo... y te quedarías papauturi. Ladran de hambre, nada más que de ambre... Que te tiran del pantalón, es pa que les agas caso...

—¡Calla! ¿No has oído?

—¡No! ¿Pues?

—¡Cállate!

Se oyó el alegre ¡pío, pío! de un chimbo. Primera ventura de verdad. Vieron luego al pajarillo salir del suelo y, con vuelo cortado y bajo, volver a ocularse entre terrones...

—¡Míale, míale! ¡Allí, allí! ¿No le ves?

—¡Sch, schccchut!... ¡Calla!

Michel se adelantó a pasos lentos, agachándose y con la escopeta en ristre... Se la echó a la cara... ¡Huyó! El chimbo levantó el vuelo y se fué hacia Pachi. Antes de poder decir ¡amén! en su lengua el pajarito, se oyó el tiro.

—¡Ya ha caído!

Empezaron a registrar entre terrones. Napoleón hozaba por aquí y allí, y todo en vano: ni rastro.

—¿No te digo yo?... ¿No te digo?... Se abre la tierra y les traga... Tiene razón Chomin: si traerían los toros de agosto por aquí, no llegaban a Bilbao... ¿No te?...

¡Pi, pi, pío —pero no consiguieron ver al animalito.

—¡Cuando mete tanta bulla, será algún chimbo silbante!

—¡Sí; están verdes!

—¡Lo que es si vuelve atrás!

El buen chimbero desprecia al raquítico y negrucho silbante, el más pequeñín y flaco, el más bullanguero y saltarín...

—¡Vaya con el *chirripito!* ¡*Reuses* de pájaro, na más!...

Entonces se separaron, y tiró cada cual por su lado.

Éste es el encanto de la caza al chimbo. El chimb
chimbero es la encarnación mil trece del espíritu p
tente y ferozmente individualista de nuestro puebl
falto de grandes hombres y ahito de grandes hecho
donde es todo anónimo y todo vigoroso, donde cad
cual, con santa independencia y terquedad admira
ble, atiende a su juego y se reúnen sólo todos par
comer y cantar. ¡No de bullangueras asambleas, sin
del lento trabajo, del choque de intereses y de l
larga experiencia, brotaron, como flor colectiva d
espíritu individualista, aquellas admirables ordenar
zas que han dado la vuelta al mundo!

A ratos lloviznaba. Michel, que caminaba entr
abrojos, oyó cantar al chindor, amigo del hombr
que canta a la caída de las hojas en el tardío otoñ
Le perdonó la vida.

—¡Que viva y cante!

¡Oh magnanimidad chimberil!

Llegó a orillas de un arroyo, que culebreaba entr
mimbres y juncos, que le cubrían como cortinillas d
verdura; subía a las narices una frescura de yerb
húmeda, que dilataba el pecho y abría el apetito
Pasó como una flecha un *pinchagujas*, y, tras él, u
pajarito de pecherita blanca, que iba, venía, gritaba
agitaba su colilla recta como una dama su abanico
mojaba su piquito en el arroyo, jugaba con el agua
se iba a mirar en ella, y, al ver deformada su imagen
por los rizos del agua, le entraba la risa y echaba a
volar, riendo un vivo ¡pío, pío! Sonó el tiro, y, ale-
teando un poco, cayó la pobre *eperdicara* en el agua
que, envolviéndola, fué a dejarla entre unos juncos

II

Entretanto, el inconmensurable Pachi, sin perro ni
cosa que lo valga, seguía su caza. Al pasar por un
sembrado, oyó una voz que le gritaba:

—¡Eh, tú, ándate con cuidao, luego!

—Éste será carlista, de seguro —pensó—. Alguno
los de Arrigorriaga —la cacería que cuento fué en
tiembre del 72—, carlista de seguro. ¡Claro está!
'n aldeano liberal no se cuida jamás de sus sem-
ados, y estos regañones, que miran al bilbaíno de
ojo, carlistas, carlistas, de seguro!

Salió entonces a un claro, y, profiriendo un ¡ah!,
edó mi hombre absorto y como en arrobo chimbe-
l. En el suelo había un pájaro que con una lengua
rguísima, como una trompa, fuera del pico, espe-
ba a que se llenara de hormigas para engullírselas.
l corazón le picoteaba el pecho a Pachi... Apuntó
n todo ojo, y rodó por el suelo el animalito. Mi
ombre se le acercó y, antes de cogerlo, se le quedó
irando un rato. Era un chimbo hormiguero, el pin-
do y aristocrático chimbo hormiguero, de larga
ngua, el que figura en una de nuestras canciones
ásicas.

Pachi le cogió, le abrió el piquillo y le arrancó la
rga y viscosa lengua; operación que jamás olvida
l buen chimbero, pues nada hay peor que aquella
ngua apestosa, capaz de podrir a todo el chimbo y
los que con él vayan en la cazuela.

La alegría le retozaba en el cuerpo a Pachi. Sopló
l cuerpecillo, aún tibio, debajo de la cola; le separó
l plumoncillo, y dejó ver una carne amarillenta.

—¡Qué mamines! ¡Qué gordito! ¡Qué mantecasas!

Le desplumó la suave pelusilla del trasero, y apa-
eció éste finísimo, amarillento, rechonchito, de piel
endida, como parche de tamboril. Pachi se enter-
eció, miró a los lados y no pudo resistir al deseo de
larle un mordisco en chancitas en aquellas mante-
as. Se lo guardó en la burjaca, tarareando:

> "Aunque te escuendas
> en el bujero,
> chimbo hormiguero,
> tú caerás..."

Perdonó la vida a una chirta, que chillaba en un
sembrado de patatas.

—Gorriones, chontas, pardillos, pájaros de pi
chato... ¡Carne dura! ¡Carne dura!

Mató aún algunos vulgares chimbos de higuer
que picoteaban el higo y saltaban en las ramas, co
expresión cómico-trágica, imitando a los barítone
cuando hacen de traidores.

Vió a Michel a lo lejos.

—¡Eh... Michel! ¿No te dise nada la tripa?

—Sí; ya me está haciendo *quili, quili*.

—Pues, vamos *cansia* la perchera. ¿Cuántos ha
matao, tú?

—Verás; ahora sacaré del *colco*...

Y le enseñó el hormiguero, lo que aumentó el ma
humor del otro; y fué tanto, que al ver un *clincló*
que les miraba con sus ojazos clavados en el cabe
zón, le apuntó y le cosió a perdigones, diciendo:

—¡Un favor a los jebos!

¡Así pagan en el mundo los pecadores por lo
justos!

Desembocaron al camino real. Volvían de misa la
aldeanas con la mantilla en la mano. Quiso Pach
hacer una fiesta a una, que pasaba, de carota de pas
tel, pero se encontró con un moquete, que le puso e
hocico más rojo que el que lleva el tintinábulo e
la procesión de Corpus, mientras oía:

—¿Qué se cree usté?

—¡Anda, anda, con la *nescatilla!*

Los ancianos saludaban, dando los buenos días; lo
jóvenes se van civilizando a la inglesa.

El chorierrico o aldeano de Asúa, es un buen pá
jaro, del tamaño de un hombre; lleva las patas abi
garradas de retazos azules; cresta azul, y azul, por lo
general, el cuerpo; trepa como un *garrapo* la cuca
ña; canta poco y siempre a tiempo; pide lluvia me
tido en fango; baja a Bilbao a picotear y llevarse
pajitas para su nido y grano para sus polluelos, y por
ser celoso, de sobra, de su derecho, queda, a las ve
ces, desplumado por algún milano, agachapado en el

ódigo. Teme al chimbo bilbaíno, que se burla de él,
pisotea las sementeras y le manosea la hembra.

Llegaron a la taberna, que, según el amo de ella,
ra mejor no la hay en todo Vizcaya. Junto a ella,
juego de bolos. Subieron por la cuadra a un case-
ón de aldea, de techo ahumado. Allí encontraron la
or y nata de la chimbería: Santi, el *Silbante,* llama-
ó así por su exiguo cuerpecillo; el imponderable
Jomin, Tripazábal, Juanito y Dioni. En resolución:
ue había merluza... y lo demás se arreglaría pronto.

Se acomodaron en un cuarto, con una ventana sin
ristales, con enorme cama, en cuya cabecera no fal-
aba la indispensable agua-benditera, sobre un reta-
o de pared empapelado; una mesa ancha, y dos lar-
os bancos.

Santi, antes de sentarse, sacudió el banco, a ver si
staba firme.

—Eres de la condisión de la *epecha,* el pájaro más
hirripito y cacanarru, que nunca se pone en una
ama sin sacudir, pa ver si le sostiene...

—¡Cállat'ahí!... ¡Enterao estás! ¿Conque el más
hirripito, eh? ¿El más chirripito? ¿Y dónde dejas
. chío y al tarín?...

—¡Bah! ¡Ya remanesió tu siensia!...

Cada cual sacó de su burjaca el botín de campaña.
Allí toda la numerosa clase de los vivarachos chim-
os de mora, hermanos del ruiseñor; cenicientos
himbos de higuera, de cabecita fina, ancas azuladas
mantecosa pancilla; rojizos chimbos de maizal; al-
ún raro chimbo de cabeza negra, enteco, como el
lbante; otros, cenicientos de cola roja, mosqueros;
oliblancos, rechonchos y plumosos, y, entre todos,
aciendo su aristocrática supremacía, el pintado hor-
iguero de Pachi.

—¡Míate, míate! ¡Como buebos!

—¿A ver?... ¡Deja, hombre, que les atoque tan
iquiera!

—¿No oyes que como buebos?

—¡Un tordo!

El tordo es, como la malviz, el ideal del chimber
Pues, qué, ¿se sostendría sin ideal la chimbería?

—¡No me ha amolao poco!... ¡Lo que menos tr
veses le he apuntao, y él se guillaba disiendo: "¡cho
¡cho!, ¡cho!", que en vascuense quiere desir: "¡Ch
farse!"

También salió un martinete pintado, con el col
apagado ya.

Empezaron a desplumar los pajaritos, que qued
ban desnudos, blancos, con la redonda cabecita co
gada del delgado cuello, entornados los diminut
párpados.

—¡Pobres pajaritos!... ¡Inusentes!

Hay ternura en el corazón del chimbero, que ur
cosa es la lucha por el ideal y otra el corazón, y, s
bre todo, ¿para quién hizo Dios el mundo?

Llovía a jarros, y esperaban su pitanza los chin
beros chimbos.

Chimbos nos llaman a los bilbaínos, y lo somos
silbantes unos, colirrojos otros, otros coliblancos, o
zarzal y hasta hormigueros. El chimbo bilbaíno pi
y picotea y procura echar *mantecasas* bajo el pulmór
Tiene su nido en el *bocho*; canta siempre, y busc
para él pajitas y aparta grano. ¡Aire y libertad y ala
para volar! ¡Aquellos mismos chimberos chimbos, u
año más tarde respondían con alegre ¡pío, pío!, co
canciones frescas y chillonas, al estampido de I
grande escopeta de los chimberos jebos.

Seguía lloviendo a jarros. Los hombres se impa
cientaban; daban patadas al suelo. Uno andaba po
la ahumada cocina, haciendo fiestas a la criada.

El cuarto vecino tenía entornada pudorosament
la puerta. Era el Ayuntamiento, que celebraba sesió
con comilona.

En estas y las otras, se anunció la comida. Santi
devoto conservador de las tradiciones chimberiles, s
quitó el sombrero y se ciñó a la cabeza el pañuelo
según era uso y costumbre en los heroicos tiempos d
la chimbería.

Espárragos riquísimos; una cazuela con patatas y
azofia; carne llena de gordo y piltrafas; pollo en
alsa, y merluza nadando en un mar de aceite.

Se daban todos tal prisa en comer, que el buen
achi tuvo que coger un mendrugo y clavarlo en el
zolón, exclamanto con voz solemne:

—¡Mojón!

Santa palabra. Dejaron todos sus tenedores, y él:

—Dejeméis mascar tan siquiera; dejeméis mascar.

Llegaron los chimbos, tan gustosos para roer, ne-
ritos ya, y los chimberos se chupaban los dedos.

Se armó la gran discusión a cuenta de si el rito de
a limonada pide sarbitos o merluza en salsa; luego,
e discutió si es o no de trampa el pantalón del to-
ero; luego, la diferencia que hay entre chanela y
halupa. A todo esto Tripazábal metía más bulla
ue un picharchar, y todo para nada.

Rodando la conversación, se vino a dar en el me-
ancólico tema del "¡Cómo pasan los años, oh Póstu-
no! *Oh témpora, oh mores!*"

Santi, el *Silbante*, era romántico hasta dejarlo de
obra. Se echó sobre el camón y, mirando al techo,
ndilgó esta elegía:

—Ahora... ¿Ahora? Estos de ahora no sirven pa
ada... ¡Nosotros sí que te hasíamos arloterías en-
onses! Ahora son todos unos sensumbacos e inusen-
es, que andan faroleando en l'Arenal detrás de las
hicas... ¡Ah las cosas que me alcuerdo! Ayer le
usqué sin querer a Totolo en cal Correo, y no hisi-
nos pocas risas, habla y habla d'eso... Un día el
hinel llevarme quiso abajo San Antón... Yo corre
ue te corre, que ni Pataslargas me cogería, y el
hinel por detrás... ¡No tenía mal alcuerdo! Yo, sin
nirar, ¡pum!, de un bulsicón, un chenche al suelo;
uego, me tropesé en un trunchu de chana, y, ¡sas!,
le buses contra un orinadero... ¡De por poco me apu-
rucho la napia! Estaba el suelo mojao y resbaliso,
como si te sería un *sirinsirin*, porque había llovido
sirimiri y se había hecho barro de bustina... El *chinel*

m'enganchó y a bajo San Antón, porque le hise u
chinchón a una señora... ¡Qué risas te hisimos aqu
día! ¡Y cada reganchada que le di al *chinel!*...

—Yo que tú, de un corpadón le mando a Flandes.
—¡Entonses, entonses! ¿Ahora?
—¡Ahora saben más!
—Mejor nosotros. ¡Inusentes, inusentes! Hablába
mos de las cosas que son pecau, y de las que no so
pecau; íbamos and'elmaestro a preguntarle si er
pecau desir concho y otras cochinadas, fumar en l
portalada y seguir a las chicas... ¿Hoy? ¿Hoy? Ha
ta los chenches chirripitos que andan en l'alda de
aña y van alepo, tienen novia, y fuman, disen con
cho... y se visten en Carnaval de batos barragarris.
¿Cuándo les ves holgar a toritos? ¿Cuándo oyes e
la call'e: "¡Que sale el toro Cucaña!"? ¿Cuándo le
ves haser jirivueltas?... Te digo que esto va mal
quitarán el sirinsirin de San Nicolás; quitarán lo
gigantes: quitarán todo...

Una inmensa tristeza cayó sobre todos: la inmen
sa tristeza de la digestión penosa.

En el silencio del cuarto empezó uno a cantar, :
le siguieron todos. El canto salía vibrante y se ten
día por el valle, perdiéndose en él sus ecos apagados

Envueltos en los vivos gorjeos del zortzico de Bil
bao, les subía del estómago repleto una enorme ter
nura a la tacita de plata, acurrucada en su *bocho.*

Poco antes de caer la tarde, salieron con sus pe
rros y sus escopetas de vuelta a la villa.

Se habían pasado parte de la mañana en suda
tras un pajarillo de mala muerte, para dar de hoci
cos en el cazolón. Allí les envolvió la ternura patria
ahitos de merluza, fuera del pueblo. La comida fuer
te y sólida, hace de sol: tanto calienta un cazolór
humeante, como un sol de fuego desde un cielo azul

Año y medio más tarde, aquellos mismos chim
beros de la cazuela, no pudiendo beber el aire de
las montañas, lanzaban a él su ¡pío, pío!, mientra
tronaba sobre sus cabezas la bomba del jebo y reco

rían las calles de la villa los viejos chimberos con
a escopeta al hombro.

Dos años después, en aquel mismo mes de se-
iembre vieron la famosa romería de San Miguel en
l Arenal de Bilbao, a la sombra del tilo.

Y más tarde aún, en premio a sus afanes y sudo-
es, les mermaron la pitanza de la próvida cazuela,
o para dar al falto lo que creían sobrada al harto,
ino para echarlo al arroyo. ¿Por qué ha de estar
raso el chimbo hormiguero, cuando el silbante está
laco?

El chimbo calla, se resigna, trabaja y sigue can-
ando y revoloteando de higo en higo, y esperando
la nueva primavera.

En la rápida transformación de nuestro pueblo, es
l chimbero, animal cuasi fósil, penumbra de lo
ue fué.

El Bilbao de las narrias y de los chimberos se ha
ransformado en el del tranvía urbano y los caza-
ores de acciones. Ya no se ven por las calles aque-
los perritos lanudos, color castaño y hocico fino, y
ndan por ellas olfateando sabuesos, perdigueros,
uldogos y hasta galgos y daneses.

Se va haciendo la paz entre el chimbo campesino
el urbano; aquéllos cantan, desde la primavera al
toño, al sol que dora las mieses, y a los arrastres
e mineral, que matan al buey, mientras elevan las
ábricas al espacio el himno fragoroso a la fuerza
mnipotente del trabajo que crea, sostiene, destruye
vivifica todo.

¡Ánimo, hijos de los viejos chimberos! A cazar el
an para los hijos!

Leído en la Sociedad *El Sitio,* de Bilbao, la noche del
de mayo de 1891, y publicado los días 4, 11 y 18 de enero
e 1892 en *El Nervión,* de la misma villa.

EN EL ARENAL DE BILBAO

A don Francisco de Iazaguirre.

Nada más grato que recordar las bulliciosas fiestas de los tiempos ingratos para nuestra villa; nada más saludable que evocar la memoria de los raudales de alegría que desbordaban entonces del vigor del alma bilbaína. Los hombres y los pueblos valerosos, son los hombres y los pueblos verdaderamente alegres: la tristeza es hermana de la cobardía.

Vosotros, los de aquellos días, podéis decir:

— ¡Estuvimos allí!

Yo que, aunque muy niño entonces, también estuve allí, sólo aspiro a despertar en vuestra fantasía la imagen dulce de la bulliciosa fiesta, que fué como prólogo de aquel heroico período, a cuyo culto esta Sociedad está consagrada.

* * *

Era el otoño plácido de nuestras montañas, cuando el sol, cernido por la disuelta telaraña de neblina, llueve como lento *sirimiri* sobre el campo sereno, disolviendo los colores en el gris uniforme del crepúsculo del año.

La placidez de aquel otoño templaba la agitación de los espíritu. Bilbao estaba rodeado de enemigos; desde los altos que le circundan le hacían la corte los *jebos*; las monjas de la Cruz habían abandonado su convento; los habitantes de Bilbao la Vieja y San

Francisco invadían el casco nuevo, ocupando las casas desalquiladas; los cosecheros de chacolí vendi-
niaban su uva antes de sazón; faltaban correos, y
nerlúza, a las veces; se acercaba el sitio, pero la
alegría alentaba, y era hermoso el otoño plácido de
nuestras montañas.

Amaneció el 29 de setiembre de 1873. Pachi, muy
de mañana, llamó a la puerta de Matrolo:

—¡Vamos, arlote, dormilón, levántate! ¡A la romería! ¡A San Miguel!

—¿Qué hay de nuevo? —preguntó Matrolo, des-
perezándose.

—Nada: que Chapa va hoy a Guernica de paseo,
y, lo que ya sabes, que viene Moriones, con dos mil
hombres... los *jebos* vendimiendo... ¡Anda, levántate!

—Pues, ¿es verdad que nos viene *Murriones*?
—preguntó Matrolo, restregándose los ojos.

Cuando se hubo metido en su ropa, dirigióse a un
rincón del cuarto, levantó una especie de cortina y
mostró a Pachi un fusil Remington y una escopeta
chimbera en íntima compañía, preguntándole:

—¿Cuál copo?

—¡Coge la escopeta!...

—¡La gran idea, verás! Ayer hablé de ello...

Cogió la escopeta, se colocó la burjaca, el polvorinero, el capuzonero, todos los chismes, llamó al perro
y dijo:

—¡Vamos!

—Pero... ¿estás del queso? ¿Adónde vas?

—¡A chimbos!

—¡Divertirse! —les gritó una joven—. Luego vamos nosotras...

—Tendría que ver —decía Matrolo, mientras ba-
aba las escaleras— que Velasco, el sombrerero liber-
ador, se nos presentara a pasar sobre nuestros es-
combros...

—Parece —añadió Pachi— que Castor el vejete
está haciendo de soplín, soplón, hijo del gran sopla-
dor: no hace más que inflar los papos en la fundi-

ción del Arteaga... Los postes de amarras no le bastan, y dice que nuestro comercio no aguantará tres días de bombardeo...

—¡*Coitao*! ¡Qué pronto se ha olvidado de San Agustín!... ¡Está memelo!

Entonces pasaba por la calle Chistu, con su tradicional casaca encarnada y su pantalón azul, tocando el *pastoril* instrumento.

—¡A Basauri! ¡A San Miguel!

Era un grupo de jóvenes con boinas rojas y pantalones de dril blanco; saltando y gritando. La calle hacía de carretera; las serias casas, de riente campo, porque llevaban dentro de ellos el campo y la alegría.

—¿Vamos a buscar a Bederachi? —dijo Matrolo.

—¿Bederachi? Desde que tiene novia...

El animoso Bederachi se entusiasmó como un niño con la idea de ir a chimbos al Arenal. ¡Al fin podría gritar y hacer chiquilladas en público, sacar al aire libre la plenitud de su alma!

—¡Éste es demasiado lujo! —exclamó Pachi al ver las bocacalles del Arenal con banderas y gallardetes.

Ante su vista, entre las estribaciones del Puente y la bicornuda fachada de San Nicolás, se extendía el Arenal famoso, del que dice la canción que

> "No hay en el mundo
> puente colgante
> más elegante,
> ni otro Arenal..."

Parecía el campamento de la alegría. En los jardines, tiendas de poncheras, en que se veía, sobre blanco mantel, la jarra con su batidor de caña, los vasos y los azucarillos, respirando frescura; *choznas* cubiertas de ramaje; tiendas de campaña, por aquí y por allí, de juegos de navaja, de anillos, de dados, y, a través del follaje, que amarilleaba, los palos y el vergaje de los vapores empavesados y endomingados.

Un aire fresco dilató el espíritu de mis tres romeros, aire de alegría que soplaba su hálito sobre el Arenal desde las bocacalles de la villa.

Sintiéronse niños Bederachi y Matrolo, y empezaron a apuntar a los árboles, fingiendo disparar, con gran contento de los chiquillos, que celebraban la ocurrencia.

Al pasar junto a una *chozna* y oír el *chirchir* del aceite. Matrolo dilató las narices y preguntó:

—¿Es?

—¡Sí!

—¿Tenemos merlusita frita? ¡Qué felisidá!...

—No es del todo buena —observó Pachi—; pero, al fin, esos caribes nos dejan probar... La carne está dura, mala y cara, a veinticuatro cuartos libra. El vino...

—¡Prosaico! —le interrumpió Bederachi.

—Tú *sampa* y cállate.

Recorrieron los grupos de bailes; los dos chimberos dieron una bajada de *sirinsirin* en San Nicolás, con vergüenza de Pachi, y de allí se fueron a las Acacias, donde unos voluntarios de la República jugaban a los bolos.

—Este juego —les dijo uno de ellos estoicamente— está hecho con tablones de la Batería de la Muerte...

—¡Qué miedo!

—¿Quién habla de muerte? En el camposanto han puesto un letrero que dice: "No se permite la entrada."

Frente al peligro que se avecinaba, halló nuestro pueblo la frescura del alma virgen, desligada del cuidado que consigo trae cada día.

Estaba apuntando a un árbol Bederachi, para regocijo de los muchachos y expectación del perrillo, que enderezaba las orejas, cuando, poniéndose como amapola, dejó caer la escopeta al oír un:

—¡Mireléis, chicas, mireléis!

—¿Por qué no disparas? ¡Sigue! —le dijo Pepita, que venía.

—¡Chiquilladas!... —murmuró confuso.

—¡Ay, ené! ¡Y qué vergonzoso es el chico!... —ex clamó una de las compañeras.

Bederachi se les agregó, escoltándoles con su es copeta al hombro, seguido del perrillo y cuchichean do al oído de Pepita. Para ellos era la fiesta; par ellos la placidez del otoño; sinfonía de su amor, e contento desparramado que les rodeaba.

—¿No te digo yo? —decía Pachi a Matrolo—. Cor enamorados no se cuenta...

En aquel momento llegaban don Terencio y doñ Tomasa, serios como corchos; con ellos, los gigan tones africanos y asiáticos y los dos cabezudos. Erar los gigantes de la segunda dinastía: los anteriores a la reforma que les añadió americanos a compartir su reinado: los que conocieron a Gargantúa: los que atacados más tarde de *cloruritis* y abandonados po su pueblo, fueron, a bordo de un arca de Noé, a Portugalete a acabar su vida, contemplando el mar que se traga a los grandes ríos y a los arroyuelo chicos.

De las calles de la villa salían alegres grupos y vibrantes *sansos*, como retozo de un niño.

—Comeremos aquí y con música —dijo Matrolo

Mientras la banda tocaba en el quiosco, comieron en las Acacias, en bulliciosa mesa, servida por lo Pellos. Se habló allí de la guerra y de la paz, de la facción carlista y de aquellos cartageneros que dis traían al ejército. Recordaron las pasadas romerías de Basauri, cuando iban por la blanca carretera c por el sombrío camino de la Peña, pasaban el Puen te Nuevo, ante el cual se despliega el risueño valle de Echébarri, por cuyo seno, entre cortinones de verdura, el Nervión, aún joven, se enfurruña al sal tar las presas; pasaban el Boquete, y, muy luego, se abría ante sus ojos la frescura del valle de Basauri, vestido de manto de árboles, en cuyo límite se des taca la iglesia de Arrigorriaga, teatro de heroicas hazañas.

Revoloteando la conversación alada, se fué de la romería a Basauri, y de Basauri a Arrigorriaga. Dijo un comensal:

—¿Os acordáis de aquella acción del año pasado, cuando la amorebietada? Antes del susto del día de la Ascensión...

Todos sonrieron, y miraron al único que comía en silencio, sin sonreír.

—Aquel día —añadió otro— fué herido nuestro bizarro compañero Abdelkader...

—¿Dónde? ¿Dónde? —preguntó Matrolo a su vecino.

—En el tacón —contestó éste.

—No hay que olvidar —añadió otro— el patriótico impulso que les trajo en un santiamén a dar cuenta de lo ocurrido...

—¡Bueno! ¡Basta de eso! —interrumpió seriamente un vecino del que comía y callaba.

La conversación varió de vuelo.

Entretanto, la romería se animaba. Cruzó el Arenal, saliendo de la villa, una carretela, tirada por caballos encascabelados y encampanillados, y los alegres jóvenes que iban en ella, adornados con dalias, llenaban el Arenal con sus sansos.

Matrolo apenas comía; se confundía en todo.

—¡Cigarros!

—¡Agua fresca! ¿Quién quiereeee?

—¡Eh, *aguadera!*

—¡Churros! ¡Churros calientes!

Las tiendas de la villa se cerraron por la tarde. El Arenal parecía un hormiguero.

Entretanto, desde la falda de Archanda, junto a una casería recién quemada, miraba con vista fosca a la fiesta el casero, mientras en lo íntimo de su alma, al rumor que subía del Arenal de la villa, se unían los ecos de las pasadas *machinadas;* ecos que, al nacer, trajo como herencia.

—¡La primera compañía *v' haser el aurrescu!*

—¡Pilili *v'haser el aurrescu!*

Lo oyó Matrolo y, con el bocado en al boca y la servilleta al cuello, fué a verlo. Se sobrecogió de respeto al ver los chuzos de la autoridad.

Comenzó el antiguo baile a los ecos agridulces del pito de Chistu; ecos que iban a perderse en los oídos del caserío de Archanda.

—¡Alza, Pilili!

Y Pilili hacía en el aire los trenzados habilísimos de sus pies.

—¡Bravo! ¡Bravo! —exclamaba Matrolo, luciendo su servilleta.

—¡Aquí viene! ¡Aquí viene!

Matrolo corrió a dejar la servilleta y tomar la escopeta; se volvió, y vió un tropel de gente que se acercaba.

—¡Aquí está el rey de las selvas! —dijo Pachi con seriedad.

Con boina encarnada, de la que colgaba borla de esparto; con banda azul, de rico percal, con borlas; con una placa de papel que le cubría el pecho; con *artística espada de arrogante pino, benévola en los combates,* como dice un cronicón coetáneo, venía, caballero sobre un rucio, a tambor batiente, llevando en la espalda un papel de trapo que decía: "Entrada del rey Chapa en Guernica."

Le seguía la guardia real: chicuelos, armados de palos, que le vitoreaban. Deteníase él, de vez en cuando, para decirles:

—Guerreros: esta noche dormiréis en Bilbao.

Agregáronse a la comitiva los enanos y los gigantones.

Pasaban entonces en artolas dos ricos aldeanos, marido y mujer, representados con propiedad. Bajó el marido a besar la mano a su majestad.

Matrolo se sintió niño. Recordó los días en que, poniéndose un alfiler en la gorra, a guisa de pararrayos, corría delante del enano, gritándole: *¡Caransuelito!* Y, con su escopeta al hombro, se agregó a la comitiva.

Pasaron la batería de la Muerte, fueron a la taber-
a de la Sendeja y se colocaron en batalla frente al
locaus de San Agustín, mientras Pachico el Gordo
es miraba sonriendo.

—¡Allí están los *jebos!*

Desde Archanda, un grupo de hombres contem-
laba la fiesta. Europa, representada en don Teren-
io y doña Tomasa, les miró asombrada; Asia y
frica les volvieron las espaldas.

Entonces se mezcló al regocijado clamoreo de la
esta el ronquido del cañón, que, desde San Agustín,
nviaba peladillas a los mirones. El eco de los caño-
azos se disipó, como golpes de bombo en regocijado
ailable, en el murmullo que brotaba del retozo de la
nuchedumbre. El Arenal parecía vivo, y resonante
l polvo de la fiesta, que parecía destilar sobre los
orazones el bálsamo del descuido.

Matrolo no sabía dónde acudir; quería estar en
odas partes, mezclar su voz a todos los rumores de
a fiesta, difundirse en el ambiente. El contento que
e envolvía llevaba a su corazón este melancólico
ensamiento:

—¡Qué mal está el que no tiene novia!

Junto a los impávidos gigantones, rodeados de
hiquillos, circulaba la gente, bailaban a la música,
e oían *sansos,* chirchir de guisos, sonsonete de
iegos...

De pronto, resonó sobre el alegre rumor de la fies-
a la corneta de llamada. Por un momento se calmó
l runrún, como el bramido del mar que cesa, mien-
ras avanza por la altura la encanecida ola, para
eshacerse en blanco polvo, rebramando contra la
osta.

Matrolo echó a correr; Bederachi le siguió. Lle-
aron a sus casas, dejaron las escopetas y los perri-
leros, cogieron los fusiles y las gorritas de higo,
ecordaron los tiempos duros en que estaban y, lle-
ando en el alma el uno el soplo fresco de la

romería, la mirada de Pepita el otro, se fueron a su
guardias.

¿Y el de la borla de esparto?

El cronicón de donde he sacado los datos acab
su descripción diciendo:

"No comprendiendo sin duda su majestad man
dilona que el buen ejemplo debe dimanar siempr
de quien en lo más alto se ve encumbrado, olviándo
se acaso de su elevado rango, se atreve a comete
serios desmanes que le obligan a retirarse quizá an
tes de tiempo, contra su omnímoda soberana volun
tad, al regio alcázar hábilmente designado con e
significativo nombre de *La Perrera*."

Ya de noche, se arrastraban los últimos ecos de l
romería; recorrían las calles grupos, y se oían voce
que se alejaban cantando:

> "Ené, qué risas te hisemos
> al pasar por la Sendeja...
> Chalos y todo nos hiso,
> desde el balcón, una vieja..."

Así celebró Bilbao en su Arenal la romería de Sa
Miguel de Basauri el 29 de setiembre de 1873.

¡Tiempos aquellos en que, en el continuo vaivér
de los sucesos, en la incertidumbre del mañana, des
pegadas las voluntades del amodorrador cuidado y
flotando sus raíces como en el mar las algas, traía
la villa a su seno el aire de los campos y recogía
el soplo de la infancia animosa de los pueblos.

Salamanca, abril de 1892.
Leído en la Sociedad *El Sitio*, de Bilbao, la noche de
1 de mayo de 1892 —y no por el autor, que estaba ausente
en Salamanca—, y publicado el 9 de mayo del mismo añc
en *El Nervión*, diario de la dicha villa.

A raíz de la muerte de nuestro inolvidable Trueba, proyecté haber escrito algo acerca de él; pero me
contuve de hacerlo, por no creer aquélla la ocasión
más a propósito para hablar con franca sinceridad
de Antón el de los Cantares. Hoy, que han pasado
seis años desde entonces, desentierro de mi archivo
de papeles viejos una carta que me escribió Trueba
en octubre del 86 y el borrador de una semblanza literaria que de él hice en vida suya, para que formara
parte de una serie acerca de escritores vascongados,
serie de que sólo llegué a publicar el prólogo. El mo-
tivo de exhumarlos me da *La Vasconia,* al dedicar
piadoso recuerdo a nuestro dulce poeta y ofrecerme,
a la vez, coyuntura de conversar un rato con mis pai-
sanos de ultramar.

Guardo la carta con exquisito cuidado, por reve-
larse en ella el espíritu de Antón, y por haber sido
el arranque de las relaciones que con él tuve. Había
yo remitido a *El Noticiero Bilbaíno* un cuento de te-
sis sobrado quintesenciado, tal vez; lo leyó Trueba,
chocáronle aquellas *psicologiquerías,* y me escribió
diciendo que no era el cuento, a su juicio, publicable,
ni de la índole de la hoja literaria de *El Noticiero,*
donde había de escribirse *para todo el mundo.*

Aquí está el hombre. Es lo que siempre se propuso
Trueba: *escribir para todo el mundo.* Aspiraba a
arrancar lágrimas dulces o franca risa a los sencillos y humildes, a los limpios de corazón, apiñados
en torno del hogar para leerle. Los que presumen de
fuertes, no suelen querer dejarse vencer de su en-

canto tierno. Preguntando en cierta ocasión a u
señorita bilbaína si le gustaba Trueba, me contest
—¡Chocholadas!

Es muy de creer que ella misma, en horas de r
cogimiento, a solas, se enjugara furtivas lágrim
que le salieran del alma al sentir el tibio y modes
encanto de aquellas *chocholadas*.

Contábame un padre, que se puso, una noche (
invierno, a leer a su hijo un cuento de Trueba,
que, conforme se animaban los ojillos del muchacl
y se hacía su respiración más profunda, a medi(
que le interesaba el relato, iba sintiendo él, el padr
que le resurgían del lecho del alma cantos de la n
ñez y que le oreaba el corazón un vientecillo fresc
Así es como, por ministerio de su hijo, acabó p(
conquistarle Trueba.

La lectura de Antón el de los Cantares es un suav
sedativo en horas de cansancio de la batalla de l
vida. En momentos de sequedad del alma, es u
árbol campestre de dulce sombra.

> "Cuando el sol del estío
> los campos tuesta,
> ¡qué dulce es bajo un árbol
> echar la siesta!",

como decía él. Os penetra hasta el tuétano aquell
poesía tranquila y casera. Porque esto es, sobre tod(
Trueba: casero. Su filosofía es la de *todo el mund(*
la del promedio de los padres de familia sencillos
laboriosos que huyen de meterse en honduras por n
perder su tranquilidad serena.

Surgió Trueba a luz en la sequía literaria qu
siguió a los ardores del romanticismo, cuando aú
retintinaban los últimos dejos de las melopeas ge
mebundas de los Pastor Díaz, y supo entonces aque
lla poesía de cantares transparentes y sencillos, com
en un día de verano ardoroso, sorbos de agua clar
y fresca de nube providencial. El público sedient
se echó a darse atracones de aquel arroyo corrient

cristalino que fluía con suave murmullo sobre la
erra, resquebrajada de sed. Pero, cuando hubo sa-
sfecho ésta y vinieron nuevas lluvias, prefirieron
uchos, a aquella agua cristalina, vino generoso y
ardecedor, la menospreciaron. De aquí la reacción
xagerada a las primeras exgeraciones del entusias-
o que despertó Trueba.

Antón, hay que confesarlo, no se dió cuenta clara,
i de las razones íntimas de su primer triunfo, ni de
relativa indiferencia que le siguió. Sintió, sí, lo
ue de injusto tenía esto, y más de una vez dejaba
raslucir en sus escritos quejas suaves de una resig-
ación agridulce. Pero siendo optimista, como las
lmas caseras lo son, sabía que nadie le habría de
uitar en los hogares su puesto junto al brasero,
ue nadie le privaría de su influjo sobre el *todo el
undo*, para quien escribía.

La poesía vigorosa y alta, de fuertes raíces, la que
ace de las luchas gigantescas de la idea; la que
rota en el combate del progreso o arranca de la
ente que quiere escalar el cielo; la de los titanes;
sta, ni le gustaba ni la comprendía. Preguntaba una
ez a un amigo mío si, de veras, había visto algo en
Goethe; otro, me aseguró que Heine no le decía
ada. Y ¿por qué no decirlo?, la postergación a que
e creía relegado parecíale más injusta que la suerte
le Cervantes; así lo dijo en cierta ocasión.

Eguílaz, su íntimo y cordial amigo, a quien reco-
ió el último suspiro y cuya muerte narró con la
rofundísima grandeza que brota de la inmensa sen-
illez del sentimiento vivo; Eguílaz, el hoy olvidado
Eguílaz, le parecía un poeta más soberano que mu-
hos de aquellos cuyos nombres lleva la fama a través de siglos por los pueblos todos.

Todo lo dicho revela la sencilla sinceridad de
aquel espíritu que, con verdadera independencia, no
se dejaba llevar de juicios hechos, ni rendía home-
aje a aquellos genios a cuya completa comprensión
no llegaba su alma. Trueba discurría con el corazón.

Sintió por el pueblo, con el pueblo y para el pueblo; para este pueblo tan olvidado de los poetas que se echan a volar por las alturas. Sintió hacia adentro, no hacia arriba; amó más el calor tibio y oscuro que la luz brillante y fría. Nunca le penetró la monotonía de las horas, ni *la estupidez del sol;* fué de aquellos para quienes es nuevo cada sol y trae cada alba una frescura nueva.

Los críticos y literatos de oficio pondrán otros nombres sobre el suyo; pero el pueblo, ignorante de ellos, repite los cantares de Trueba, y el eco de su voz arranca lágrimas a los sencillos, y a los fuertes también, en horas de abatimiento. Hay muchos a quienes cansa una sinfonía de Beethoven, y se deleitan oyendo en el campo, al aire libre, el canto del ruiseñor. Hay muchos, muchísimos, los olvidados, el *todo el mundo* del pueblo.

Muchos otros se esconden para leer a Trueba; es la vergonzosa vergüenza que sentimos de dejarnos ablandar por la ternura en esta edad de lucha, en que hay que parecer fuerte, aun no siéndolo. Antes de salir a la calle, enjuguémonos los ojos; no se sepa que hemos llorado a solas.

Sintió por el pueblo, con el pueblo y para el pueblo; y hay quienes se avergüenzan de lo que tienen del pueblo y lo esconden.

Al apartarse la literatura más y más cada vez del verdadero pueblo; al perderse en pedantescos tecnicismos, en quintaesenciados artificios y en intelectualismos de alquimia; al irse convirtiendo en aristocrático *sport* de un mandarinato, ¡qué dulce refugio el de Antón el de los Cantares! Una excusión por sus obras es un día de campo. ¡Qué aroma el que esparce al aire libre el sencillo agavanzo, a rosa silvestre, al salir de un camarín repleto del perfume pesado de rosas dobles de espléndida vestidura! Espléndida, sí, pero lograda a costa de la atrofia de la fecundidad. Y en poesía lo fecundo es el sentimiento.

En horas de desaliento esos cantares tranquilos y caseros nos vuelven a nuestra infancia, a que recobremos, a su espiritual contacto, algo de la cándida inocencia de la visión serena y optimista del mundo. Es poesía simple, simple como el pueblo, como el sentimiento desnudo, como la humildad. ¡Bienaventurados los simples de espíritu!

Poesía simple y, por tal, rebelde a todo análisis. El análisis no hace más que descomponer lo compuesto; y lo simple, siendo indescomponible, es inanalizable.

El vascongado que trabaje en esa América, lejos de las montañas nativas, que dejó al salir de sus años juveniles, ¡cómo sentirá que se le anuda la garganta y se le agolpan del corazón a los ojos dulces lágrimas de vida al recibir en alas de los cantares de Antón el del pueblo las brisas que orearon su cuna, los cantos que la mecieron y el eco del beso de ruido que, al despedirle, le dió su madre con el alma! Esas lágrimas quería Trueba, y ellas son el más piadoso recuerdo a su memoria.

En *La Vasconia,* revista ilustrada de Buenos Aires, el 10 de marzo de 1895.

Francamente, voy perdiendo la gana de volver a Bilbao, y no me deleita el saber de sus progresos. Que progrese, sí, que progrese; mas sin que yo lo vea, a serme posible. ¿No ha de sernos concedido alimentar en el alma el rescoldo de la ilusión romántica?

Cuando más prospera y crece mi pueblo, menos me atrae, porque tanto más deslustra el retrato que de él yace prendido en el cristal de mi espíritu. Es hoy la casa de todos; enhorabuena, así debe ser. Así debe ser, pero ¡ah!, ¡ah!, ¡los tiempos en que era *nuestra* casa, la de la familia, que poco más que por muertes y nacimientos se renovaba! Sólo lo pasado es poético, sólo lo que ha vivido.

Esas pesadas y presuntuosas moles del teatro Arriaga, de la Diputación y del Ayuntamiento, que he visto levantar, son obra de manos de hombres, de esto no cabe duda; pero las que apacentaron mi vista cuando la abrí al mundo, ¿ésas?, ¡ésas, no! Ésas no fueron para mí obra de hombres, sino que Dios me las puso a la vista hechas ya, para que, a su presencia, edificase mi alma. Eran edificios severos, de una sobriedad algo fría; escuetas monodías arquitectónicas, de pausado ritmo rígido, como el Instituto, el Hospital o el Consistorio, al que hallaba *majestuosísimo* en el siglo XVII el bueno del padre Henao. Austero, algo tristón el pueblo todo: pero, ¡qué íntimo contento bajo aquella reposada tristeza ambiente! ¡Qué sosiego de vivir bajo el plomizo cielo, entre la llovizna terca!

Pero poco me importa que se transforme y cambie la villa del Nervión, si en el relicario de mis memorias infantiles permanece incólume mi Bilbao, mi *bochito*, el mío, ¡el mundo de mi infancia y de mi juventud!

¡Qué edad, qué edad aquella en que todo es nuevo y fresco, en que se vive naciendo y en que, con intuición virginal, se traduce el *nihil novum sub sole* por su parejo y más hondo *omne novum sub sole*! Todo, en efecto, era nuevo entonces... ¡Qué mundo! ¡Sí, todo nuevo bajo el sol, nueva cada cosa a cada momento de su milagrosa duración!

Li cacciamo: or che resta? or poi che il verde
e spogliato alle cose?

"Lo arrojamos: ¿ahora qué queda? ¿Ahora que se ha despojado de su verdura a todo?", como Leopardi preguntaba.

Nací en lo más lúgubre y sombrío del sombrío Bilbao: en la calle de la Ronda, y en la casa misma en que, cincuenta y ocho años antes que yo, había nacido Juan Crisóstomo de Arriaga; en aquella calle, amasada en humedad y sombras, donde la luz no entra, sino derritiéndose. Mamoncillo aún, lleváronme a la calle de la Cruz, donde he vivido unos veintiséis años; allí, cerca del Portal de Zamudio —del Portal, sin más aditamento ni apellido—, uno de los hogares de la villa, su Puerta del Sol en algún tiempo, frente a Artecalle y la Tendería, que, como dos túneles, se me abrían a los ojos de continuo. Cerrando la escotadura que en los macizos de casas Artecalle forma, el verde teso de Miravilla, coronado por la cima de Arnótegui, ¡primera revelación de la naturaleza, encuadrada en el marco de las viejas casas oscuras y ventrudas, de toscos balconajes de madera, de puertas medio tapadas por boinas, elásticas, fajas, yugos y todo género de prendas y aparejos! Y contemplando el hormiguero humano, que se afana y trajina en las galerías de sus viviendas, la montaña

impasible en **su** verdura perdurable. ¡Cuándo podría
trepar yo allá arriba, a aquella cumbre en que las
nubes, a las veces, se posaban, a bañarse en el aire
y en la luz de Dios!

Al otro lado tenía las Calzadas, escalera de la
muerte, camino del cementerio y escalera también
para subir al mirador de Begoña, la matriz de Bilbao
donde se sacia la vista de verdura y desde donde
con una sola mirada, puede abrazarse a la acurrucada villa, que se presenta cual una sola vivienda;
tan compacto en su caserío. "Parece todo el lugar..
una grande casa nueva, firme y alta", dijo el mismo
padre Henao.

Pero mi mundo, mi verdadero mundo, la placenta
de mi espíritu embrionario, el que fraguó la roca
sobre que mi visión del universo se posa, fué, ante
todo, la manzana comprendida entre las calles de la
Cruz, Sombrerería, Correo y Matadero (hoy Banco
de España), la manzana en cuyo centro estaba el
matadero. ¿Qué misteriosas relaciones guardarán
los espectáculos que hemos tenido de continuo ante
los ojos, cuando nuestra comprensión del universo
cuajaba, con el rumbo que luego nuestras ideas to-
men? Tengo por un misterio augusto el del influjo
que en mi concepción de la vida haya podido ejercer
aquella visión frecuente del matadero, con su suelo
de losas, sobre que corrían agua y sangre, y aquellas
mujeres que parecían bailar baile silencioso y hierá-
tico, mientras ayudándose de una cuerda, desangra-
ban a golpes de pies las reses muertas.

Pero no sé bien por qué mi bochito se me simbo-
liza, no en las Siete Calles, no en el secular Puente
Viejo, que, derribado ya, sirve aún de escudo de armas a la villa; ni tampoco en el Portal, sino en cosa
mucho más moderna: en la Plaza Nueva. Mi Bilbao,
en ella se cifra y compendia. Cada vez que he ido por
vacaciones a visitarlo, tomaba, para ir a la calle de
la Cruz, por la Plaza Nueva, y, al encontrarme en

ella, toda mi infancia se me subía a flor de alma, cantándome recuerdos.

¡La Plaza Nueva! ¡La Plaza Nueva severa, regular, monótona, puritanesca, fría! ¿Fría? ¡Fría!... ¡no, no! ¡Qué dulce calor de hogar debes de guardar, choza de hielo del esquimal! ¡Cuántas canciones silenciosas me cantas, simétrico cuadrilátero, con tus fachadas geométricas con sus desnudos soportales! Allí dentro perfumaban en primavera al cerrado ámbito las grandes y turgentes flores blancas de las magnolias, en cuyo follaje armaban gorjeadora algarabía bandadas de gorriones, bajo el cuadrado dosel del cielo, junto al estanque, en cuyas márgenes vomitaban agua las grandes ranas metálicas. ¡Y que no rabiaba poco Perico, el *guardamocordos,* cuando se las echábamos al agua, a que se refrescasen! ¡Qué recuerdos me guardas, Plaza Nueva de mi Bilbao, el de las tristonas tardes de terco *sirimiri,* el de resignado aburrimiento, nutrido de íntimas incubaciones! ¡Qué de discusiones, sobre todo lo divino y lo humano, no han oído tus soportales y aquellos dos pintados mozos, de calzón corto, que sosteniendo sus artificiosos helados, nos exhibe la muestra del Suizo Viejo!

No ha mucho escribía un catalán que los vascos somos lúgubres. ¿Qué saben de alegría los que tienen que ir a buscarla fuera, en el movimiento y la luz, porque no la hallan dentro, en la quietud y la sombra? Asistiera una tarde a un chacolí de Churdínaga, cuando el sol se acuesta, alargando en su pajiza lumbre, que desfallece, la sombra de los perales y manzanos, y vería lo que es alegría difusa, disuelta, como la luz del atardecer, como ella dulce, sin chillones claros, es verdad, pero también sin recortadas sombras. Es el resignado contento en que penas y placeres se confunden. Y si no, que se lo pregunten a mi amigo Perico.

Y luego venían las excursiones dentro del *bocho* mismo. No sin emoción me aventuraba por barrios

nunca visitados antes. El día en que subí por vez
primera las escaleras de las Ollerías, me dejó memoria para tiempo, y fué una exploración juliovernesca
la que hice por la calle de la Amargura y aledaños.
¿Qué más? Viviendo a dos pasos de Iturribide, podría
contar con los dedos las veces que me he aventurado
hasta su terminación; éranme sus fondos algo así
como la tierra de los cimerianos. Cuando había fiesta, no acababa nunca de vomitar o tragar gente
aquella dichosa calle.

¿Y las correrías por los alrededores, más tarde, a
aquella riente huerta de Albia, sobre que extiende
hoy sus garras el Ensanche? Alguna vez, en estos
últimos años, sentado en la Plaza Circular, he cerrado los ojos para ver aquellas tortuosas estradas, con
festón de zarzales, cruzadas a las veces por el es-
pumarajeante regato. El pobre Antón el de los Cantares, perpetuado en bronce y mirando hacia el hogar
de Mari-Santa, sueña con ellas, allá, en su banco,
donde estuvo la campa de Albia, aquella campa a
que íbamos a coger *cochorros*, sacudiendo a los arbolitos tiernos y apedreando a los ya robustos. Hoy
son muchos de aquellos rinconcillos de verde follaje
lo más feo que puede darse: solares de construcción.

Extendiéronse luego mis correrías por los amenos
alrededores de Bilbao, en que "cada distrito parece
Tempe o Aranjuez", decía en el siglo XVII el bueno
del padre Henao; por aquellos frondosos repliegues
de las faldas de Archanda, a caza entomológica, por
la encañada de la Salve; o por la apacible huerta de
Deusto, salpicada de humanos nidos; o por los más
bravíos collados de San Adrián y San Roque; o al
puente del Diablo, en Castrejana; o internándome en
la espesura de Buya, allá, por encima de Bolinchu.

Mentira parece que a media hora de Bilbao se
conserve aún —si es que en estos tres años que de
mi pueblo falto, no me lo han estropeado— aquel refugio de Buya, aquella anacorética garganta, con
la espesura de sus hayas, de plateada corteza, y su

inquieto arroyo: aquel resto del augusto bosque virgen primitivo. Parece un cachorro de Naturaleza,
prisionero entre montañas. Embótase, antes de
llegar allá, el silbido de los trenes y los vapores; y
tampoco mancha su angosto cielo humareda alguna,
como no sea la de la quemazón de argoma. Allí, para
purificarme de los inquietadores pruritos de la villa,
de la infección del trato humano, allí he ido a su-
mergirme en la sombra de las hayas, a leer entre los
helechos, acostado en la madre tierra, las páginas
adormecedoras del inmenso *Obermann*, canto de
cuna del insondable enigma. Y por allí, en un des-
campado, sobre una explanada, descansa una de
esas viejas casas solariegas, agazapada en la falda
de la montaña, con su ancho portalón de columnas
de piedra, mustia y negra, de ceñuda fisonomía, en
que han impreso agrietadas arrugas los años, tiñén-
dola de la tez de los centenarios. ¡Pobre caserón,
reumático y achacoso, cargado de años, con costra
de sedimentada humedad y pátina de aluvión de
sombras! Mas aún le queda por apurar el último
achaque, y es que un día se vea envuelto en polvillo
rojo y convertido en taberna de mineros. ¿Caerán
las hojas de las robustas hayas de Buya, infestadas
por el ferreo sarro? Si ha de ser, sea; pero ¡ay mi
Buya! ¡Ay hermosa herencia de los tupidos bosques
que fraguaron a nuestra raza! ¡Ay mi *bochito*, si
pierdes ese custodio! Porque, ¿no será, acaso, su
cercanía cual misteriosa guardia, cuyos efluvios te
preservan de caer en abismos de urbanización? Con
tu ría hecha canal preso en pretiles; encerrado entre
vías férreas, asfaltado tu Arenal, antaño frondoso;
transformadas tus siete calles; desfigurado o trasfi-
gurado por tu Ensanche; muerto un día el tilo; si te
estropean tus campestres alrededores, ¿qué será de
ti? Serás otro más bello tal vez, de seguro más glorioso, pero el mío... ¡ni sombra!

Y ahora, que me he desahogado... ¡viva Bilbao!
Es decir, transfórmese, cambie, depúrese, rompa su

estrecha cárcel de crisálida y échese a volar sobre el fragor de la industria, que con el capullo vacío nos quedaremos los que hagamos del alma panteón de dioses muertos, de héroes deificados por la muerte purificadora (14).

En Salamanca, junio de 1900.

En el cuaderno primero de *El Centenario*, revista bilbaína ilustrada, que se publicó en junio de 1900, destinada a conmemorar la sexta centuria de la fundación de Bilbao.

LA CASA-TORRE DE LOS ZURBARÁN

No es Bilbao, ciertamente, de los pueblos en que más culto se guarde a las viejas memorias del pasado, a los recuerdos históricos. Con fabricar unos gigantones nuevos y volver a sacar a relucir el Gargantúa, está ya satisfecho el *clasicismo* de muchos. El rápido engrandecimiento de la villa y la accesión a ella de numerosas gentes extrañas, ha alterado en no poco su carácter típico, haciéndola olvidar mucho de su pasado y hasta de su antiquísima fama de riqueza. Sin ser Bilbao un pueblo *parvenu* —rico improvisado— muchas veces lo parece. En el siglo XVI, en tiempo de Shakespeare, llamábase ya en Inglaterra *Bilboes,* es decir, Bilbaos, a unas espadas y a unas largas barras dre hierro con cadenas que servían de grillos. Esto sucedía mucho antes de que se soñase siquiera en altos hornos.

No es, repito, Bilbao el pueblo en que más vivo se conserve el culto a las reliquias del pasado. Cuando llega un forastero, se le lleva a ver las minas, las fábricas, el puente Vizcaya, los Astilleros, y, una vez que ha recorrido las obras de la industria, llévasele a que se recree con la contemplación de las de la Naturaleza, la ría de Guernica, que parece un cromo, y otras así. En cuanto a las reliquias de la historia, se le guía, a lo sumo, a visitar el castillo de Butrón, que, restaurado y nuevecito como está, parece una decoración de ópera.

La torre de Zubialdea, la casa del Consulado y primitiva Bolsa de contratación, el Puente Viejo, que figura en el escudo de la villa, han sucumbido a exigencias de comodidad o de lucro. ¡Poco que lamentó el bueno de Antón el de los Cantares el derribo del Puente Viejo! Un gracioso, muy poco agraciado, dijo por entonces que debían habérsele regalado para dije de la cadena del reloj. Mas lo cierto es que no sé del todo claro por qué había de haber desaparecido el Puente Viejo, una vez construído el de Achuri, ya que en nada creo se estorbasen el uno al otro.

He oído contar que en Edimburgo tienen la habilidad y el gusto de modernizar las viviendas y reedificarlas con todas las comodidades y conveniencias higiénicas apetecibles, conservando sus viejas fachadas; que saben verter vino nuevo en odres viejos, dando así a la ciudad un aspecto pintoresco, artístico y de venerable y grata tradición. Esto de apoyar la adaptación en la herencia me parece de suprema sabiduría práctica, así como el ideal de una morada creo sea el de que, como la piel, crezca y se modifique, según crece y se modifica el cuerpo. El mejor traje es el hecho a la medida del que lo lleva, y una morada *orgánica*, propia para inspirar cariño al que la habite, es la que resulta de una serie de acomodos, la que en algún modo se haya hecho con él como la cáscara del caracol. Francamente, eso de abrir los huecos —ventanas, balcones, etc.— *desde afuera*, sujetándolos a cierta traza sistemática, me parece mucho menos cómodo y hasta menos estético que abrirlos *desde adentro*, a medida de las necesidades o conveniencias del que la habita. Y ahora bien: todo eso de que Bilbao debe ponerse a la altura de las principales capitales; que esto o lo otro es propio de villorrio, y otras consideraciones por el estilo, ¿es algo más que abrir huecos desde afuera, esclavos de las apariencias y del qué dirán? Y, rogando al lector que aplique estas reflexiones a todo lo que venía diciendo, me dejo de tales escarceos para pasar a decir algo a propósito de la Casa-Torre de los Zurbarán.

Raro será el forastero que visite a Bilbao, aunque
sea hombre dado a recrearse en recuerdos históricos,
a quien se le enseñan las viejas casas-torres de Zurbarán y de Malpica (en Zamudio).

> "Torres de nuestros padres, duro ejemplo
> de las férreas edades turbulentas,
> y ora mudos testigos
> de cuanto fué y ha muerto",

como decía Querol de otras análogas.

La Casa-Torre de Zurbarán apenas es conocida
más que de los *chacolineros,* que acuden a echar su
merienda en ella, a la sombra de sus ruinosos muros
o del moral allí próximo. Y no pocos de los chacolineros supongo ignorarán el que aquella ruina fué
escenario en un tiempo de cruentas luchas de banderizos.

Al pie de Begoña, en las plácidas y alegres faldas
de la cordillera de Archanda, entre espesa arboleda,
sin duda, en aquellas revueltas edades, se alzaba, dominando a Bilbao, como gavilán a su presa, la Casa-
Torre de los Zurbarán. Eran los tiempos que, con
pluma concisa y ruda, narró el viejo Lope García de
Salazar; los tiempos en que aquellos hombres de
almas férreas peleaban "sobre cuál valía más en la
tierra", según el cronista nos dice; más, en realidad,
sobre quién había de explotar más riquezas de los
pacíficos labradores; los tiempos de aquellos inquie-
tos *parientes mayores,* que asolaban con sus mesna-
das y ensangrentaban los risueños valles vizcaínos,
tiempos de que, como recuerdo, quedó la división de
los apodados forales en bando oñacino y gamboí-
no. La *vendetta,* la venganza, era la ley suprema
del honor de aquellos gavilanes de las casas-torres.

¡Qué preñado de vida y qué rebosante de sombría
realidad es el monótono relato del viejo Lope García
de Salazar, relato que parece una solemne y larga
sonata histórica sobre el antiquísimo tema de Caín y
Abel! Los de Butrón contra los de Zamudio; los de

Zamudio contra los de Leguizamón; los de Leguizamón contra los de Zariaga y Martiartu... Y así sigue

En esas mismas faldas de Santo Domingo, cuaja-
das hoy de chacolíes que acogen las expansiones d
los alegres *chimbos*, en el año del Señor de 1270
"obiendo enemistad entre los Zamudianos e los d
Legizamón que eran vesinos, el cerro en medio, qu
Bilbao no era poblada entonce, e aplasaron pelea
para en el campo de la lid, que es sobre Santo Domingo, Ordoño de Zamudio e Urtun Sánchez de Za
mudio, e Ochoa Ortiz de Zamudio, sus hermanos, co
Diego Pérez de Leguizamón, e con Juan Díaz d
Arbolancha, e peleando resiamente muertos e ferido
muchos, e ya cansados los unos de los otros, alleg
Pedro de Lusarra, sobrino de Diego Pérez de Legui
zamón, fijo de su hermana, de parte de Deusto co
ventidós omes, e dioles por de costado, e como lo
falló cansados, fueron vencidos e corridos fasta Zamudio, e morieron dellos en el campo o en alcanze
ochenta omes de los zamudianos; de los de Leguizamón morieron diez omes".

En 1413 bajaron a ensangrentar el cantón de la
Tendería, de la villa, los de Leguizamón y los d
Zurbarán, enemistados desde 1362, en que, en la
atalaya de Bilbao, Juan Sánchez de Ibarra, Juan de
Urnieta y Juan Ochoa de Ibarra, de Leguizamón los
tres, mataron a Juan Martínez de Loaga, el mozo,
de Zurbarán. Años más tarde, pelearon en la misma
atalaya los de Leguizamón, los de Basurto, Asúa.
Zurbarán y Guecho. En 1441 volvieron a ensangrentar las calles de Bilbao los de Zurbarán, en lucha con
los de Arbolancha; y poco después mataron en la
misma villa Tristán de Leguizamón y Martín de
Zaballa, entrando solos "a boca de la noche, con sus
espadas, en la Pesquería, a Ochoa Lopes de Arcayche
e a Pedro de Arna, que eran de Zurbarán, e otrosi
dieron una cuchillada a Martín de Barba de Somo-
rrostro, por las quijadas, cuidando que era de Zurbarán, e morió della de pasmo, e ferieron más de diez

ombres de unos e de otros en aquel barrio, cuidan-
o que eran enemigos".

El relato se repite con una solemne y fúnebre mo-
otonía. Cuchilladas, asaltos, incendios, emboscadas,
asta que Enrique IV hizo derribar no pocas torres.

Teatro la villa de las luchas de aquellos bárba-
os, conservó simbólico recuerdo de ellas en los dos
lcaldes, uno por cada bando; alcaldes que, durante
mucho tiempo, se los impusieron, eligiéndolos a su
lacer, los de Leguizamón, Basurto y Zurbarán.

Leyendo el libro de *Las Bienandanzas e fortunas*
que escribió Lope García de Salazar, estando preso
en la su torre de Sant Martín de Muñatones —torre
cuyas ruinas subsisten y donde tuvieron encarcelado
al viejo cronista sus propios hijos—, leyendo tal
libro, recuerda uno, sin querer, el juicio, inexacto
sin duda, que, acerca de la historia, dió Scho-
penhauer, al decir que quien haya leído al viejo He-
ródoto, no tiene más que aprender en la historia,
puesto que, si varía el cuento, su sustancia es la
misma siempre.

¡Qué fuente de inacabables meditaciones la que
brotaría de llevarse una tarde plácida del hermoso
otoño de nuestras montañas, el libro del viejo cronista a la actual casería de Zurbarán, y allí, al pie
de aquellos muros, que aún ostentan el escudo del
revoltoso linaje, entre sorbo y sorbo de chacolí, leer
aquellas páginas, de sombría y monótona concisión,
tendiendo, de vez en cuando, por vía de reposo, la
vista por el valle, donde el moderno Bilbao se asienta, y contemplando allá, a lo lejos, donde la cinta
de plata de la ría se pierde en los recodos de la cordillera, el humo de las fábricas!

Aquellas luchas no han desaparecido: han cambiado, nada más. Ya no es corriente ver que en las
calles mismas de la villa se dé una cuchillada por las
quijadas a éste o a aquél, cuidando que sea enemigo;
pero, si se mira despacio y hacia muy dentro, no

dejará de verse que maten a éste o aquél a disgusto
o de hambre entretenida y de miseria.

Del rudo linaje de los Zurbarán, los aguiluchos
la Casa-Torre que, dominando a Bilbao, se alza
pie de Begoña, de este linaje debió de salir aquel pro
digioso pintor extremeño: Zurbarán. El recio tem
ple de alma de los revoltosos banderizos vizcaíno
su indomable energía, sus ardientes pasiones, qu
tanta sangre costaron a Vizcaya, vinieron a co
vertirse, con el rodar de los tiempos y la mudanz
de las costumbres, en la vigorosa y sobria energí
del egregio artista extremeño.

Así es como las mismas cualidades que produce
mal, pueden convertirse a bien y aprovecharse par
virtud las pasiones vertidas en vicio.

Alguien ha dicho que, dentro de algunos años, la
actuales máquinas de vapor, sustituídas por otro
motores, se convertirán en monumentos arqueológi
cos, yendo a parar a museos. Puede muy bien su
ponerse, con igual razón, que esas altas chimenea
de las fábricas, cuyo humo se divisa desde la reliqui
de la vieja Torre de los Zurbarán, llegarán a se
también curiosidad arqueológica, "mudos testigo
de cuanto fué y ha muerto". Y como un romántic
de hoy puede ir a la Casa-Torre begoñesa a medita
en el irrevertible fluir del tiempo y en la eterna mu
danza de las cosas, así podría ir mañana un futur
romántico al pie de las ruinas que de nuestros ac
tuales Altos Hornos queden, a meditar la misma me
ditación, siempre antigua y nueva siempre, tan viej
como el sol y como él cada día nueva. Y lo que es
futuro romántico sienta, recordando nuestros días
no será del todo diferente a lo que sentimos hoy, re
cordando las férreas edades de las enconadas lucha
de los banderizos.

Hoy que los antiguos Zurbarán, Leguizamón, Za
riaga, Martiartu, Múgica, Butrón, no son sino part
del polvo que pisamos, ¿qué más resultan para nos
otros que los héroes de ficción? ¿Qué más nos es

Alejandro Magno que Don Quijote, o Cabot que Ro-
binsón?

En días de lucha electoral, que es la moderna guerra de banderizos, ¡cuántas y cuántas cosas, y de
cuánta enseñanza todas ellas, no pueden ocurrírsele
a quien al pie de la Casa-Torre de Zurbarán, cuya
intensa vida fué realidad en el pasado y mero recuerdo hoy, medite, teniendo sobre las rodillas el
libro del viejo Lope García de Salazar, en la suerte
de aquella Casa y de su linaje y en la que espera a
esos fragorosos Altos Hornos, realidad viva de hoy
y pura historia de mañana! ¡Y cómo, por debajo
de esos fantasmas que discurren por la historia y de
todas las anhelosas esperanzas que en un punto
se conviertan en recuerdos, sentirá palpitar la realidad eterna e imperecedera; la que, lo mismo los
antiguos banderizos que los modernos caciques,
llevan con su alma más allá del sepulcro y de la
historia!

Salamanca, febrero de 1898.
En el número 13, correspondiente al 9 de febrero de 1898,
en los *Ecos Literarios*, revista decenal de Bilbao.

(1) *Guernica.*—En este artículo conté, no teniendo aún veintiún años, mi primer viaje a Guernica, a donde he vuelto después muchísimas veces, antes y después de haberme allí casado. El título del artículo llevaba una llamada y, al pie de la columna, esta nota: "Simpatizamos con el talento del autor de este artículo, pero no con el tono en que le emplea." La nota era de don Antonio de Trueba, no me cabe de ello la menor duda, y en ella se retrataba por entero *Antón el de los Cantares.*

Si hoy volviese a escribir de Guernica, del pueblo donde he pasado las más dulces y más intensas horas de mi vida, haríalo muy de otra manera. En los más de diecisiete años transcurridos desde que fijé en estampa esos recuerdos de un viaje corto, háseme ido atesorando en el corazón buen caudal de más viajes y de estancias allí más prolongadas. En estos diecisiete años, el árbol de Guernica, el *Guernikako arbola* del tan conocido himno, el roble legendario, ha muerto. Queda su retoño, pero en mal sitio. Al viejo le han cortado las ramas, dejándole no más que las principales; le han embadurnado con una untura, y lo han encerrado en una especie de jaula encristalada. Es una cosa muy fea. Mejor hubiera sido cortarlo a ras del suelo, y conservarlo luego bajo techado. De todos modos, esa manera artificiosa de convertirlo en ídolo, no es lo que mejor cuadra a los ideales que el árbol vivo simbolizaba. Es feo siempre embalsamar los cadáveres. Mejor hubiera sido enterrarlo al pie de su

ijo, del árbol hoy vivo, para que alimentara
éste.

De muchas otras cosas del artículo escribiría aquí
para rectificarlas, pero no quiero alargar esta nota.

(2) *Los gigantes.*—Volviendo a leer este artícu-
o, a quince años de distancia, me percato de que
ne hice en él un lío con aquello de las tres dinas-
ías. Creo que hay confusión en todo eso. Como
lecía en la *nota importantísima,* los que llamaba
antiguos gigantes, fueron unos de ocasión, cons-
ruídos hacia 1850. Los que llamé gigantes medios,
os que conocí de niño y cuyo recuerdo se pierde
entre los de mi infancia, fueron los deteriorados por
a *cloruritis* y los que fueron a dar con su armazón
a Portugalete. La cabeza de su Don Terencio me han
licho que la conservaba el Curding-Club, de Bilbao.
Y los que llamé gigantes modernos son los que
aoy todavía subsisten y alegran a la chiquillería,
aabiéndoseles añadido un nuevo y magnífico Gargantúa, que, en opinión de algunos, es demasiado
artístico. Otros le ponen la tacha de que representa
a un aldeano vizcaíno, lo cual vale tanto —dicen—
como tener a éstos por tragaldabas.

(4) *Un partido de pelota.*—Ha sido uno de mis
trabajos que más éxito alcanzó en mi país. Lo leí
en la Sociedad "El Sitio", de Bilbao, no puedo de-
terminar en qué fecha, y donde primero se publicó
fué en la *Euskalerría,* revista vascongada de San Sebastián. Por cierto que, al publicarlo, le quitaron
unas dos o tres líneas, en que hablaba de una muchacha que, al aplaudir a los jugadores, pensaba
que cualquiera de ellos podría desencuajaringarla,
estrujándola entre sus brazos. Bien clara se ve la
ñoñería que arguye tal supresión, muy en carácter
en aquella revista, donde apenas se emplea el vascuence más que para cantar a los santos todos del
calendario.

Después de haber yo escrito y leído ese trabajo tomó el juego de la pelota a ble, el llamado "depor te vasco", un gran desarrollo, y por todas partes s levantaron frontones. Pero fué para acabar por con vertirse éstos en timbas, en peladeros de dinero a infeliz que por allí caía. Y así vino el descrédito Hoy me dicen que renace la afición y vuelven aque llos legendarios partidos, pero jugados a mano. La cesta dió amplitud al espectáculo, permitiendo que lo pudiese contemplar cómodamente un público ma yor; pero dió también demasiado campo a lo de la *habilidad libre* —según la frase consagrada—, pro hijando el juego *sucio*. La mano es más limpia siem pre, y los verdaderos aficionados, los entendidos prefieren ver jugar a *mano limpia*.

(6) *En Alcalá de Henares.*—No pocas de las ideas apuntadas en este escrito pasaron, con mayor desarrollo, a uno de los cinco ensayos que, bajo e título común de "En torno al casticismo", publiqué en *La España Moderna,* de Madrid, de febrero a junio de 1895; hasta párrafos enteros, algún tanto rehechos. Hoy rectificaría no poco de ello.

Desde que fué esto escrito, hasta hoy, se ha des arrollado grandemente en Bilbao la afición a la pin tura y el cultivo de ella, contando hoy mi pueblo, y en general mi país todo, con un buen número de pintores. Y es curioso y muy significativo el hecho de que el pintor vascongado que más fama y prove cho obtiene, gozando en París de muy buen crédito y habiendo logrado que figuren obras suyas en el Museo del Louvre, el eibarrés Ignacio de Zuloaga, lo que ha resucitado es la manera de pintar que po dríamos llamar castellana, la del Greco y Velázquez. Y los que pintan escenas del país, tienden a darles cierto tono tristón y melancólico.

(9) *La sangre de Aitor.*—Después ha sido peor que cuando escribí esta rechifla, algún tanto injus-

ta, contra naturalísimas sentimentalidades. Al *eus-
kalerriaco* —que es como se le llamaba— ha sucedido el *bizkaitarra*, haciéndolo bueno. Porque aquél,
menester es hacerle justicia, se alimentaba de amor
a su propia tierra, y éste suele alimentarse de odio
a la ajena. Y, como dije en el discurso que leí en
los Juegos Florales de 1901, en Bilbao, "gran po-
quedad de alma arguye tener que negar al prójimo
para afirmarse".

Y como de eso, del antimaquetismo, he de escribir aún de largo, vale más dejarlo aquí.

(14) *Mi bochito.*—Por si este libro cae en manos
de quienes no sean de Bilbao, ni conozcan sus cosas
y sus dichos, he de decir que *bocho* significa en bilbaíno un hoyo hecho en el suelo, como el que se hace
para jugar a las canicas.

En *bilbaíno* he dicho, y esto me da ocasión para
discurrir aquí algo acerca de lo que, a falta de mejor
nombre, llamaré dialecto bilbaíno. No me he deci-
dido a hacer pasar a este volumen el artículo que,
bajo el título de *El dialecto bilbaíno,* publiqué, en
noviembre de 1886, en un diario de mi país, ni
otros que después di a la estampa sobre el mismo
asunto. Tendría que modificarlos mucho. Ya por
entonces iba coleccionando las voces, giros y mo-
dismos especiales del habla del pueblo de Bilbao.
Posteriormente, en 1896, mi buen amigo don Emi-
liano de Arriaga, bilbaíno entusiasta y culto, publicó en Bilbao un *Lexicón etimológico, naturalista y
popular del bilbaíno neto, compilado por* UN CHIM-
BO, *como apéndice a sus "Vuelos cortos".* El libro
es muy interesante, aunque no está compuesto ni
con pretensiones ni con propósitos científicos. He
de referirme a él en esta nota.

Hoy se habla en Bilbao como en cualquier otra
capital de España, ni mejor ni peor, y si algo se
deja oír en sus barrios altos es acento riojano. Mas
en la época de mi niñez persistía aún un habla es-

pecial, con acento de vascongado que ha aprendido
el castellano, con giros especiales y con un vocabu-
lario en que había mucho de vascuence castellani-
zado y trabucado y algo que es difícil saber de dónde
proviniera. Frases como ésta: *¡Sinsorgo! ¿a chuchu
de chirolas sospalés tamién t'arrapas, eh?* tenían
que resultar un enigma para un castellano.

Por lo que a la construcción en general hacía,
distinguíase por la afición a las expresiones elípti-
cas, suprimiéndose casi siempre el *le, lo, la* de los
complementos, y menudeando, en cambio, el *ya* y
el *pues.* Más tarde he oído a un paisano mío que,
echándoselas de fino, decía: *¡ya lo nieva!*

En el acento unas veces se alargaba lo que es
más breve en castellano, como llamar *pie* al *pié,* y
otras veces —lo más común— se contraía, diciendo
pais, monosílabo, en vez de *país,* bisílabo.

Por lo que al léxico respecta, una buena parte de
él era vascuence, como sucedía con *barragarri,* ri-
dículo; *sensumbaco,* insustancial, sin seso; *sensai-
na,* niñera, etc.; modificándose el vascuence, a las
veces, de la más pintoresca manera. Así, v. gr., de
bustina, que en vascuence significa arcilla, hacía-
mos *barro de baustina,* y después *barro de agustina.*
A cuyo respecto recordaré aquí un trozo de una
relación en bilbaíno que escribí hace años. Dice:

*Estábamos un día a piedradas, cuando salta di-
siendo el que estaba pa'scuchar: ¡agua!, ¡agua!; era
el chinel que venía; apreto a correr calle abajo que
ni Pataslargas me cogería; estaba el suelo resbaliso
como si te sería un sirinsirin, porque había llovido
sirimiri y se había hecho barro de agustina...; ¡pum!,
de un bulsiscón un chenche al suelo; ¡sas!, de buses
contra un orinadero...; de por poco me apurrucho
la napia...; ¡qué risas te hisimos aquel día!*

Pero no todo era vascuence estropeado, ni mucho menos; había mucho castellano estropeado,
mucho más del que creíamos nosotros mismos, y
había, además, un extraño caudal de voces de ge-

nuina cepa castellana, que no sé cómo se conservaban allí. Había palabras muy curiosas, como *fachudo*, de mala facha; otras eran, sencillamente, corrupción del castellano.

En el *Lexicón* del señor Arriaga se propende a dar demasiada importancia al elemento vasco, hasta el punto de derivar del vascuence la voz *saborra*, que no es, ni más ni menos, que el latín *saburra*, con el mismo significado que éste, y otras veces no se da la etimología castellana, o mejor, su correspondencia exacta, de voces que, como *engoitar*, es "engaitar", en el sentido mismo en que se usa este vocablo aquí, en Salamanca; o *pucha*, que es "puches"; y en *breada*, que está claramente por *briada*, de *brío*, se duda si provendrá de este último vocablo o de uno vascongado. Otras voces que figuran en el *Lexicón del bilbaíno neto* no eran especiales de Bilbao, ni aun en el sentido en que allí se usaban, sino que las he oído, con la misma acepción, en regiones de Castilla harto distantes de mi país. Tal sucede con *arbeja, cortica, barruntar, trola,* etcétera, etc. Y es que se usaban en Bilbao no pocas voces que, por no verlas nunca en escritos las personas leídas, se les antojaba que eran disparates privativos de aquel pueblo. Así ocurría con la voz *bulto*, aplicada en Bilbao a los *pasos* de las procesiones de Semana Santa, en cuya acepción, la más cercana a su origen etimológico, del latín *vultus*, primero "cara" y más tarde "imagen", lo registra el *Diccionario de la lengua castellana* de la Real Academia. Otro tanto ocurría con *remaneser*, o remanecer, de la que dice con exactitud el señor Arriaga que "es voz anticuada castellana muy usual en Bilbao". A la voz *bato,* que es como se le llamaba al aldeano, la señala el *Lexicón* como de origen desconocido, y es, sencillamente, la misma que *baturro*, con el sufijo castellano en -*rro*, de que hablaré pronto.

Pero había un número de voces, que eran las que más chocaban a los forasteros, tales como *chirene,* gracioso, chistoso; *sinsorgo,* fatuo, simple; *sirimiri,* calabobos; *cochorro,* abejorro sanjuanero... y otras. Esta última, *cochorro,* es una de las voces más curiosas de cuantas en Bilbao se usaban y usan. Aplícase al coleóptero cuyo mote científico es *melolontha vulgaris,* y, desde luego, se ve en ella el sufijo castellano *-rro* (*-arro, -orro, -urro*), que unas veces tiene fuerza de aumentativo y de diminutivo otras. Lo vemos en *ventorro, pitorro, Pacorro, chicorro, abejorro, piporro;* lo suponen *matorral* (de *matorro*), y otras veces, combinado con otros sufijos, lo tenemos en *pajarraco, chascarrillo, bicharrajo,* etcétera, y algo modificado, en *villorrio, bodorrio* y otros. En *cochorro,* es, sin duda, un diminutivo de *cocho,* y equivale a *cochinillo,* denominación muy adecuada al insecto a que se aplica, y que recuerda análogas denominaciones. Pero, ¿de dónde se introdujo a Bilbao ese diminutivo?

El diminutivo bilbaíno específico, muy curioso, por cierto, era en *-lo.* Lo vemos en *chocholo,* voz muy usada para designar un poquita cosa, un hombre apocado y simple; en *memelo,* y en otras voces.

Mucho de lo que del habla bilbaína recuerdo, me parece que era, exclusivamente, del habla infantil, que en todas partes se aparta algo del habla de los adultos, conservando y trasmitiendo, de unas a otras generaciones infantiles, un fondo propio.

De composiciones en aquella habla pintoresca, no recuerdo más que la canción que empezaba:

> "Ené, qué chimbo!
> Mírale!
> Burlas te hase!
> Tírale!"

Y la que en 1852 escribió don Juan José Moronati, "aficionado y diestro tañedor de guitarra, quien adaptando los versos a la música de un vals alemán muy en boga a la sazón, hizo populares sus estrofas en *La Pastelería,* de cuyo centro era miembro apreciabilísimo el genial autor", dice el señor Arriaga.